金融政策入門

湯本雅士
Masashi Yumoto

Eurus Notus Boreas Zephyrus

岩波新書
1448

はじめに

二〇一二年末に行われた衆議院の総選挙とそれに続く政権交代は、日本の政治史上でも特筆されるべき出来事の一つでしたが、金融政策という観点から見ても一つの大きな転換点を画すものとなりました。

近年の世相の変化はきわめて著しいものがありますが、とりわけ金融、財政、あるいは為替の分野においては、これまで経験したことがなく、従来の常識では考えられなかったような出来事が次々と起こっています。新聞や雑誌等でご承知のように、現在、それらをめぐって、たとえば「アベノミクスの功罪」というような、さまざまな議論がなされているわけですが、問題の複雑さを反映して意見は対立錯綜《さくそう》し、全体像を正確に把握することがなかなかむずかしくなっている状況です。

こうしたことを背景として、もう少し問題を整理して議論の筋道をはっきりさせ、判断の拠り所となるようなヒントを与えてくれないかといった依頼が筆者のような者にもしばしば舞い込んできます。そこで、(身の程をわきまえずと言われることは覚悟のうえで)そうした依頼になんとか応えようとするのですが、その際に感ずることは、金融問題を専門としている者とそうでない人々との間には、問題の理解の仕方にかなり大きなギャップがあるということです。

そんなことは当たり前で、何もこの分野に限ったことではありません。早い話が、パソコンの操作一つをとってみても、専門家の目から見ればこれ以上簡単には書けないと思っているマニュアルでも、それをどう読んでいいのかわからず四苦八苦している人(筆者もその一人です)のことを思い出していただければ十分でしょう。ただ、パソコンの場合は笑って済ませることができますが、われわれの日常生活、ひいては人生全体にも影響するところが大きい金融の分野では、こうしたギャップあるいは誤解の存在が、さまざまな、時には重大な問題を引き起こします。昨今の金融政策の運営においては、個人・家計・企業といった経済活動の主体が抱く「期待」(先行きについての予想)に依存するところが大きくなっており、そうした期待が誤解や思い込みのうえに形成されているとすれば、場合によっては重大な結果をもたらす可能性もあります。

昨今、書店の店頭には金融に関する書物が山積みになっています。しかしながら、基礎の基礎をしっかり押さえたうえで、個別問題にこだわりつつ、しかも全体像を見失わないように注意しながら書かれた本は意外に少ないものです。

この本では、伝統的な金融論の枠組みを踏まえたうえで、さらにそれを超えて、ゼロ金利時代に入ってから行われたさまざまな政策運営上の試行錯誤と、それを裏付ける理論の展開の跡をたどっていきたいと思います。とは言っても、学術書ではない一般向けの入門書なのですから、できるだけ専門用語や数式を避けつつ、必要に応じて「コラム」欄を設け、たとえ話などを多用しながら理解を深めていきます。たとえ話を利用することについては、厳密性が損なわれるとして、抽象的な議論を好む専門家には評判が悪いのですが、初めての分野に興味を持っていただけるようになる方法として、入門段階ではやはり有用であると考えています。

さて、早く目下話題のカレント・トピックスを取り上げたいと気持ちははやるのですが、それをぐっと抑えて、まずは「基礎の基礎をしっかりと押さえる」ことから出発したいと思います。結局はそれが、目標に近づくもっとも近い道になると考えています。

目　次

第3章　金融政策と財政・為替政策

第1章

金融政策を理解するために

1　金融政策

金融とは何か

金融とは何かを改めて定義しようとするとなかなかむずかしいのですが、ごく割り切って単純化して言えば、「手許に資金が余っている個人や組織――これらを総括して**経済主体**と呼びます――が、資金を必要としている経済主体にそれを提供して利用させることである」と言うことができます。相手に提供すると言っても、貸し出す場合と拠出(出資)する場合とがありますが、貸し出す場合は、借り入れた人は約束した期限が来たら借りた資金を返済する義務があります。出資の場合の約束は、「このプロジェクトが成功して利益が出たならば、そのわけ前を配分する」ということであって、一定期日後の返済は予定されていません。後ほど出てくる金融商品(三〇ページ参照)の一種である債券は前者、株式は後者に属します。

そこで問題となるのが**資金**ですが、この言葉はいろいろな意味に使われるので注意が必要です。ここではとりあえず**通貨**のことであると考えておきます。何らかの手段で他人から通貨を手に入れることを「資金を**調達**する」と言い、手持ちの通貨を貸し出して利子を稼いだり、出資して儲けを期待するといった行為を「資金を**運用**する」と言います。

通貨とは何か

ところでこの通貨ですが、この言葉を聞くと人々は直感的に**紙幣**（**銀行券**）や**貨幣**（**コイン**）のことを考えます。安倍首相が、二〇一二年秋の選挙運動中（首相になる前のことですが）に、「デフレを克服するためには金融を緩和すればいい、そのためには日銀が銀行券をドンドン出せばいい」などと言ったと伝えられていますが、それが多くの人にアピールするのは、こうした認識が広く定着しているためだと思われます。そこで、以下ではこのことについて少し考えてみます。

人間の社会が、モノとモノとを直接に交換する**物々交換**の時代から、しだいにある特定のモノを媒介として交換を行う**間接交換**の時代に移行していった歴史はよく知られています。ここでモノとは、目に見え、手で触れることができる**財**（goods）のほかに、人間が提供する**役務**（services）をも含む広い概念です。

当初、間接交換の媒介物となったのは、日常生活上ぜひ必要なもの、身辺を飾るためのもの、あるいは呪術的な意味合いを持ち、とくに大切にしなければならないと一般に考えられていたもの、たとえば穀物、動物、宝石、宝貝、貴金属などといった類でした。人々が、自分のモノと交換にそれを受け取ったのは、それさえあれば自分が必要としている他のモノをいつでも手に入れることができると信じ、また実際にも手に入れることができたからです。

この媒介物であるモノは、時が経つにつれて金銀に統一されていきます。金銀が、美しい、運搬・分割が容易である、といったことのほかに、性質が変わらない、量が少なくて容易には手に入らないという、他のモノにはない特性を持っていたためです。金銀のどちらが広く使われるかは時代によって変わっていきます。当初は銀が広く流通していましたが、やがて金が主たる通貨になっていきます。ちなみに江戸時代の日本においては、歴史的な経緯もあって、関東では金、関西では銀が主要通貨とされていました。

ただ、そうした社会においても、金銀が、金銀塊、金銀貨といったそのままの形で流通していたわけではなく、多くの場合、その代替物が通貨の機能を果たしていました。金銀ではあまりに高額で、日常生活上使いづらい、ということのほかに、使用中に摩耗《まもう》しては困るという問題があったためです。金銀の代替物は紙であったり鉄であったりしますが、重要なのは、社会の成員すべてが、最終的にはそれを、当時は究極の通貨と考えられていた金もしくは銀に交換できると「信じて」いたことです。

いま金銀の代替物として紙を挙げましたが、いくらなんでもただの紙ではありません。これは、手持ちの金銀を他人に預けて、代わりにもらう預かり証のことです。自分の財産である金銀を預けるのですから、相手は相当の資力と信用があり、頑丈な金庫と金銀に関する専門的な知識を持った人でなければなりません。昔そういった仕事をしていたのが**両替商**でした。この両替商が発展してやがて**銀行**となり、それが発行する預かり証が**銀行券**となります。

中央銀行と銀行券

こうして、銀行券は国内で何種類も出回ることになりますが、銀行はその信用度に差がありますから、銀行券同士の交換比率をどうするかといった問題が生じます。しかし、それでは日常生活に支障をきたしかねません。そこで国(王あるいは領主)は、代表的なある一つの銀行に対し、国(王室)の財政の面倒を見てくれることを条件に、その見返りとして独占的に銀行券を発行する権限を与えることにしました。

そうした銀行が発行する銀行券は、当初は流通範囲が比較的限定されていましたが、やがて広く全国に普及していきます。その銀行と競合関係にあった他の銀行もこれに一目置かざるを得なくなり、そこに預金を置くようになるなど、金融界における地位も高まっていきます。これが歴史的に見た場合の**中央銀行**の始まりであって、一七世紀に成立したスウェーデンのリクスバンク、英国のイングランド銀行(Bank of England: ＢＯＥ)などが、その例としてあげられます(図表1-1)。

一九世紀に入ると、各国で相次いで中央銀行が出現します。この段階では、国民国家がこうした組織を持つことは当然で、国を富ませ、拡大していくためにはむしろ必要不可欠のものであるという認識がしだいに広まってきます。「富国強兵、殖産興業」といった感覚です。それまでの中央銀行が、商業銀行が発展したものであったのに対して、この時代の中央銀行の設立は、明確な国家意思に基づく立法行為という性格を帯びてきます。そうした色彩がもっともよく表れているのが、一八五〇年に設立されたベルギー国立銀行ではないかと思われます。

こうした場合は、初めから、中央銀行が発行する銀行券だけが法律で通貨と認められ、それまで流通していた通貨は使用が禁止されます。このような通貨を**法定通貨**(**法貨**)と言います。法貨とは、何らかの対価としてそれを出されたら、法律上受け取る義務がある、すなわち、受け取りを拒否できないという意味です。

この段階では、今日いうような意味での金融政策の運営主体としての中央銀行という認識は

図表 1-1 主要中央銀行の設立時期

1668年	スウェーデン
1694	英国
1800	フランス
1811	フィンランド
1814	オランダ
1816	ノルウェー
1817	オーストリア
1818	デンマーク
1846	ポルトガル
1850	ベルギー
1860	ロシア 注1
1874	スペイン
1876	ドイツ 注2
1882	日本
1893	イタリア
1913	米国
1934	カナダ
1948	中国
1998	欧州中央銀行

注1：ロシアはその後，1921年にゴスバンク，1990年にロシア連邦中央銀行に改組．
注2：ドイツは第二次大戦まではライヒスバンク．その後，1948年にレンダーバンクに改組，1957年にブンデスバンク設立．

希薄であり、多くの場合、国家財政の支援、地域金融の円滑化、あるいは特定産業の振興といった目的が背後にありました。一八八二年に、ベルギー国立銀行をモデルとしてつくられた日本銀行条例の立法過程における議論でも、そうした傾向が顕著に見られます。

中央銀行による銀行券の発行については、一般に、通貨を発行する権利、すなわち**通貨高権**は国家主権の一部であって、それを持っているのはあくまでも国であると考えられていること（したがって、通貨の偽造は国家主権の侵害として厳しく罰せられる）、中央銀行は、法律によって国からそうした権限を委任されているという法律構成になっていることに留意する必要があります。銀行券を発行することから生ずる利益、**通貨発行益**が国に帰属するのはそのためです。

そのことに関連して、国家主権の行使である銀行券の発行がなぜ政府直属の行政組織ではなく、そこから少し離れた中央銀行という金融機関に委ねられているのかという疑問が出てくるかと思いますが、この問題は金融政策の独立性・自主性にかかわる話であって、第4章で詳しく述べることにします。

小額のコインについては、中央銀行ではなく、政府みずから発行するのが通例です。コインも法貨ですが、あまり大量になっては取り扱いに問題が起こるので、それについては一定の限度があります。たとえば、日本では額面の二〇倍までが法貨とされています。つまり、買い手が一円玉や十円玉を二一枚出したら、二〇枚までしか受け取らないと店主が言っても違法ではないということです(もちろん、法律上はそうなっている、というだけであって、実際にそうした場面はあり得ないでしょうが)。

日本銀行券について

以下は若干雑学の類になります。**日本銀行**(以下、**日銀**)は自分で銀行券を製造しているわけではなく、専門的知識と技術を持った独立行政法人**国立印刷局**に依頼し、そこでできた製品が日銀の金庫に運び込まれるという段取りになっています。銀行券が日銀の金庫に止まっている限り、それは製造費程度の価値を持ったただの紙切れに過ぎません。この紙切れは、銀行等から請求があるつど、日銀の窓口から外へ出ていきます。このことはよく、「市中へ出る」と表現されます。銀行券が市中へ出ると、以後はその額面に表示された価値を持った資産となり、そのようなものとして流通します。

一方コインは、政府が、製造担当者である独立行政法人**造幣局**に依頼し、製品を日銀に持ち込み、そこから市中へ出て行って、所有者の資産になります。市中で余ったり汚れたりした銀行券やコインはまた日銀に戻ってきて、整理のうえ再び市中へ出ていくか、廃棄処分されます。

雑学のついでにもう一つ付け加えると、よく、銀行券の製造費はごく安いはず(一万円札で二〇円程度?)で、それを額面で発行する日銀はそれで大きく儲けているに違いない、というような話が出ることがありますが、それは大きな誤解です。日銀のバランスシートを見ると、銀行券は日銀の負債としてあつかわれています(図表1-2参照)。これは、日銀に銀行券(金預かり証)を持ち込まれたら同額の金に替える義務があった時代の名残りと考えればいいでしょう。負債とはいえ、幸い無利子ですから、日銀にとって利子負担はありませんが、負債から儲けが出るはずはなく、儲けはもっぱら、貸出や証券の保有といった、資産サイドで稼ぐ金利収入から生じます。

ただ、儲けがあるからといって日銀がそれを独り占めできるわけではありません。通貨の発行権は国家にあり、通貨発行から得た利益は国家に帰属します。具体的には、日銀は収入から、人件費や、銀行券の製造費を含む物件費等の諸経費を差し引いた純益から、出資者に配当を行い(出資額の一〇〇分の五以下)、さらに準備金や積立金を手当てした後に法人税、法人事業税等の税金を支払い、残額を国家に納付します。国家にとっては、法人税収のほかに、この**日銀納付金**が財政収入の一部となります。歴史的には、銀行券の独占的発行が認められることの見返りとして税を納めるという考え方であったのですが、それがやがて納付金制度に変わっていきました。

日銀は民間会社ではありませんが、株式に相当する出資証券を発行しています(資本金は一億

図表 1-2　日本銀行のバランスシート
(2013 年 6 月末．単位：千億円)

資　産		負　債	
金地金	4.4	発行銀行券	838.8
現金	3.2	当座預金 注 3	847.0
国債	1,480.4	その他預金	3.3
うち 短期	376.7	政府預金	12.6
長期	1,103.7	売現先勘定 注 4	108.7
CP(短期社債)等	20.5	雑勘定	-2.5
社債	28.6	引当金勘定	35.4
金銭の信託(株式) 注 1	13.6	資本金 注 5	—
同(ETF)	18.8	準備金	27.4
同(J-REIT)	1.4		
貸付金 注 2	241.4		
外国為替	50.9		
諸勘定	4.7		
資産合計	1,870.7	負債合計	1,870.7

注 1：金銭の信託とは，買い入れた株式や，ETF(指数連動型上場投資信託証券)，および J-REIT(不動産投資信託証券)を信託勘定で計上していることを示す(日銀が個別銘柄を自由に売買することができないようにするメカニズム)．
注 2：貸付金はすべて共通担保オペレーション残高(入札方式)．この項目にはこの他に補完貸付制度があるが，この時点では残高はない．
注 3：当座預金のうち，預金取扱金融機関の準備は 76.0 兆円，うち法定準備は 8 兆円弱．
注 4：売現先勘定は，買い入れた国債等を近い将来売り戻す約束があることを示す．
注 5：資本金は 1 億円であるが，引当金や準備金を加えた損失に対するバッファーの役割を果たす部分は 6.2 兆円ということになる．

出典：日本銀行の資料．

円)。出資証券の五五%は政府が所有していますから、わずかですが配当も財政収入の一部になります。人件費を含む日銀の予算には財務大臣の認可が必要であり、職員の給与については、同列にある民間組織のそれとの間でバランスがとれているかどうかが問題とされます。

「信認」の重要性

雑学はこのくらいにして本題に戻りましょう。先に述べたように、銀行券とコインは、法貨として法律で流通が担保されていますが、実際上は、国民がそれを通貨として信頼していなければ流通しません。通貨に対する国民の**信認**、これこそが通貨の円滑な流通、ひいては経済活動が支障なく行われるために絶対に必要な条件です。この信認が揺らぐとき、そのときこそが国家存亡の危機です。通貨が法貨とされていながら、誰もがそれを持とうとしないでただちにほかの物に代えようと狂奔《きょうほん》した時代、たとえば第一次世界大戦後のドイツの大インフレのことは今でも語り草になっています。日本についても第二次大戦直後には似たような状態がありました。当時はいくらカネを積んでも物に替えてくれず、着物を農家に持っていって米に替えるといった光景がしばしば見られたのです。

ところで、先ほど、銀行券は金銀の代替物、つまり預かり証であると言いましたが、そのことはどうなったのでしょうか。先に述べた国民の信認とは、銀行券がいつでも金銀に替えられる（そうした銀行券を**兌換券**《だかんけん》と言います）ということを意味していたのではなかったのでしょうか。

これについては、現代はかつての**金銀本位制度**の時代から**管理通貨制度**の時代になっているということで説明されています。金銀、とりわけ金の産出量はきわめて限られています。それだけに貴重なモノとされてきたのです。よく、歴史始まって以来現在に至るまで、人間が掘り出した金はプール数杯分しかないなどということが言われますが、この間に人間の経済活動は驚異的なスピードで拡大・複雑化していきました。金という物理的な存在だけでは、この活動を円滑に支えることができません。経済活動の規模が金の産出量に縛られるとなれば、人間の生活は大きく制約されることになります。事実、中央銀行は発行銀行券の裏付けとして金を持たなければならないという認識が定着し、法律でも定められていた時代には、金の保有高が束縛となって、必要とされる銀行券の発行に困難を来《きた》すという事例は歴史上枚挙にいとまがないほどで、その結果、経済活動は大きな影響を受けました。そうした場合は、しばしば、相当の期間にわたって金兌換が停止されました。

このことに気づいた人々は、やがて通貨と金とのリンクを断ち切り、人間の裁量で通貨の量をコントロールするという方法をとるようになります。はじめは、中央銀行に一定限度まで保有金を上回る銀行券の発行を認め、その裏付けとして国債など確実な証券を充《あ》てるという方法がとられました(**保証発行制度**)。限度を超える発行(**限度外発行**)には特別の税を課すことで発行を抑えようとする手段も講じられましたが、その限度もしばしば引き上げられ(**屈伸制限制**)、ついには有名無実化するに至ります。事実上の管理通貨制度の成立です。国内での金兌換停止の例は比較的早くから見られましたが、国際取引の面での金本位制離脱が一般的になったのは比較的新しく、英国では一九三一年の九月です。日本では一九三一年一二月、高橋是清蔵相の時代でした。

長年にわたって人々を支配してきた金の呪縛(このことを表すのに、“golden fetters”**金の足枷**《あしかせ》という言葉があります)は、それほど強かったということなのですが、さすがに今では、銀行券を眺めて、いつでも金に交換できるなどと考える人は皆無です。しかし、銀行券は現に通貨として立派に通用しています。すなわち、国民の通貨に対する信認は、それが兌換券だというところにあるわけではありません。国家によって通貨の量が、したがってその価値が適切にコントロールされている、そのことを信じているということなのです。その昔、日本銀行券には、これを持って来ればそこに記載されている額と同額の金と交換する旨の文言が印刷されていましたが、現在ではそのような文字は見当たりません。だからといって、人々がこの銀行券は怪しいなどと思ったりはしません。同様なことは、アルミや銅などでできているコインについても言えます。

現金通貨と預金通貨

それでは、現代社会においては銀行券とコインが通貨のすべてなのでしょうか。答えはもちろん〝否〟です。昨今われわれ家計の収支は、相当程度金融機関の預金を経由して行われてい

図表 1-3　通貨の構成
（2013年6月中平均残高，単位：兆円）

M1（562）	
現金通貨（79）＋預金通貨（483）	
現金通貨	日本銀行券発行高＋貨幣流通高
預金通貨	要求払い預金残高（当座・普通・貯蓄・通知・別段・納税準備）から金融機関保有小切手・手形を差し引いた金額
M3（1158）	
M1＋準通貨（562）＋CD（34）	
準通貨には，定期預金・据置貯金・定期積金・外貨預金が含まれる	
CDは大口譲渡可能定期預金証書	

注：Mは**マネーストック**の頭文字（かつては**マネーサプライ**と呼ばれていた）．対象はすべての預金取扱金融機関．なお，このほかに，M2というシリーズがあるが，これにはゆうちょ銀行や各種の協同組合金融機関のデータが除かれており，現在ではあまり使われていない．現金通貨の内訳は，全体の約95%が銀行券，残りの5%が貨幣（コイン）．

出典：日本銀行の資料．

ます。給与の振り込み、親族への送金、借金の返済、公共料金の支払い等々その例は枚挙にいとまがありません。クレジットカードによる支払いはカード会社の立て替え払いであって、結局は自分の預金が引き落とされてカード会社との間で決済されます。法人の資金の受け払いに至っては、ほとんどすべてが預金経由であるといってよいでしょう。

ということで、一般には、通貨には**現金通貨**と**預金通貨**とがあり、後者の比重が圧倒的に大きいと言われています。事実その通りであることは、図表1-3を見ればわかります。預金通貨は法定通貨ではありませんが、立派に通貨としての役割を果たしています。

通貨についての正確な理解を妨げている主な原因は、銀行券やコインが目に見え、手に持てるのに対し、預金のほうは目にも触れず、手に取ってみることもできないということにあるようです。こう言うと、預金通帳があるではないかと言われそうですが、あれは単なるコンピュータのプリントアウトに過ぎません。現在、銀行券やコインを財布の中に入れているのは、たまたまそれがないと日常生活に不便だという理由だけであって、しかるべきカードと端末が隅々まで普及しさえすれば不要になるはずです。そのことは、たとえば、ひと昔前ではテレカ、今ではICカードのようなものを考えてみればすぐわかります。銀行券やコインは金銀本位制時代の遺物とでも言えるものであって、究極的にはペーパーレスの世界になるであろうと考えられます。ペーパーレスの世界における通貨の使用、あるいはその貸し借りである金融とは、コンピュータの中の電子記号とその変化であって、実体、すなわち実物の世界を離れて、観念の世界に属するものとなっていることに留意する必要があります。

ここで、現金通貨の発行量のコントロールの問題について一言しておきます。学生に、「銀行券やコインの発行量を決めているのは誰か」という質問をすると、十中八九「政府」ないしは「日銀」という答えが返ってきます。こうした誤解は、学生のみならずかなり広く行き渡っているようですが、先に述べたことを理解していれば、それが誤りであることがおわかりと思います。われわれが銀行券やコインを財布の中に入れているのは、そうしたほうが日常生活に便利だからというだけであって、ATMなどを使って、そのつど必要な額の現金を引き出しています。必要以上の現金は財布を膨らませ、重くするだけですから、またATMに戻します。つまり、また預金になります。銀行は銀行で、自分の金庫やATMにどれだけの現金が必要かを考えながら、日銀との間で現金輸送車を往復させています。

こうしたことからも明らかなように、現金通貨の発行量を決めているのはそれを使う人々、つまりわれわれであって政府や日銀ではありません。先ほど、「日銀が金融をもっと緩和して、銀行券をドンドン出せば……」という話がありましたが、そういうことを言う人は比喩的な表現として意識的に使っているのでなければ、このことを誤解しているということになります。この問題は、一頃話題になった**政府紙幣**(コインの変形)の発行というテーマに関係しています。

それでは、その預金通貨の量はどのようにして決まるのでしょうか。ここで、間接的な形で日銀が登場してきます。預金通貨の量に中央銀行が関与しているとなると、「中央銀行が銀行券をドンドン出す」という言い方もあながち的外れではないのではないかとも考えられるのですが、問題はそれほど簡単ではありません。このことについては、後に金融政策の波及過程を考える際に議論します(四八ページ、および第5章二一八ページ参照)。ちなみに、学者の中にも、金融を緩和することを、「中央銀行が輪転機を回す」などと表現する人が少なくありませんが、こうした言い方が先ほどのような誤解を招く原因になっているとすれば、もう少し注意深い言葉遣いをすべきなのかもしれません。

資金決済のメカニズム

ところで、一般に、通貨の主たる機能は**交換決済手段**であり、**価値保蔵手段**であるとされています。このほかに**計算単位**ないしは**価値表示手段**という機能が挙げられることもありますが、これはどちらかといえば副次的な機能です。先ほど通貨に対する信認確保の話が出ましたが、そのことは、交換決済と価値保蔵のための手段として、十二分に信頼がおけるものであるかどうかということになります。

この交換決済ですが、一般に、目の前で行われる交換に比べて決済はわかりにくいという人が少なくありません。決済とは、いったん発生した債権債務関係を元の状態に戻すということですが、決済がわかりにくいのは、それが人の目に触れないところで行われているからです。

家計や法人間の債権債務は、取引金融機関におかれた各自の預金口座を経由して決済されます。すなわち、債務者は、金融機関に対して、自分の預金を引き落として債権者の預金口座へ入金するよう依頼します。この場合、債権者、債務者の取引金融機関が同じであれば、預金者間の口座振替で済みますが、異なる場合は少し厄介です。一言で言えば、家計や法人間の債権債務関係は、それぞれが取り引きしている金融機関相互間の債権債務関係に振り替わり（その段階で当事者間の決済は終了しています)、その間で決済が行われる、ということです。

もう少し詳しく言うと、債務者の依頼を受けた取引銀行は、債権者の取引銀行に対し、自分に代わって債権者に支払ってくれる(債権者の預金残高を増やしてやる)ように頼みます。その取引が実行されると、債務者の取引銀行は、債権者の取引銀行に対して立て替え払い分だけの債務を負った形となり、債権者の取引銀行はそれに見合う債権を持つ形となります。この金融機関相互間の債権債務の決済は、最終的には主要金融機関が日銀に持っている預金の口座振替の形で行われます。これが、**日銀ネット**と呼ばれている決済のメカニズム(**決済システム**)です。

預金取扱金融機関が日銀に持っている預金は**準備**(リザーブ)と呼ばれており、決済のためだけではなく、金融政策の運営にあたっても重要な役割を果たします(四一ページ)。ちなみに、日銀に当座預金口座を持っている金融機関は預金取扱金融機関だけではなく、証券会社なども含まれますから、日銀当座預金イコール準備ではありません(二〇一二年中の日銀当座預金平均残高は三六・三兆円、うち準備預金残高は三二・五兆円)。

日銀における最終的な決済は、かつてはある時点で区切って、それまでに溜《た》まった貸し借り全体を相殺したベースで行われていました(**時点決済**)。しかし、現在では相殺せずに、直接かつ即時に行われています(real-time gross settlement: **RTGS**)。言うまでもなく、決済の過程で生ずる決済不能というリスク、すなわち**決済リスク**を最小限にとどめようという試みです。

なお、このほかに証券取引の決済システム（有価証券の所有権の移転）というものがあり、国債は日銀、上場株式や大半の社債は証券保管振替機構というように持ち場が決まっていますが、売買代金はいずれも最終的には日銀ネットで決済されます。

日々の決済は膨大な規模に上るため、決済システムに一つでも不具合が出ると経済全体に大きな影響が及ぶことになります。日本銀行法第一条が、日本銀行の目的の一つとして、「金融機関相互間の資金決済の円滑の確保」と、それを通ずる「信用秩序の維持」を掲げていることからもわかるように、決済システムの円滑な運営は、金融政策と並んで、中央銀行にとってもっとも重要な任務の一つとされています。

システミック・リスクへの対応

預金は、預金者にとっては金融機関に対する債権ですが、金融機関にとっては預金者に対する同額の債務であり、預金者からの引き出し請求（現金との交換）に応える義務があります。しかし、当然目に見えるものではなく、強いて言えばコンピュータの中に存在します。

預金、あるいは一般に金融商品と呼ばれているものが債権債務の塊であり、金融システムは、そうした塊がピラミッド状に積み重なったものだとすると、それがいかに脆弱《ぜいじゃく》なものであるかがわかります。ピラミッドを形成している一片の石の破損はピラミッド全体を揺るがせ、ついには崩壊に至る原因となります。あるいは、ドミノの一枚が倒れた途端に他の無数の札が倒れていく有り様をイメージしてもよいでしょう。**システミック・リスク**という言葉がありますが、それはそういったリスクが潜んでいることを指します。コンピュータの不具合を意味する**システム・リスク**とは異なりますので注意してください。

システミック・リスクは単に金融業務の分野にとどまらず、経済構造全体を危機に陥れるかもしれない深刻なリスクです。その例は数限りありませんが、直近の出来事が、二〇〇七年後半から米国で始まり、やがて世界中に伝播していった、いわゆる**サブプライム危機**であったことはよく知られています。そのピークが、二〇〇八年九月の**リーマンショック**でした。

一般に中央銀行の任務は、第一に、**金融政策**（**マネタリー・ポリシー**）によって物価の安定を通ずる国民経済の安定的・持続的な発展をはかることとされていますが、いま一つの重要な任務は、一つ一つの石の強固さをチェックする**ミクロ・プルデンシャル・ポリシー**と、ピラミッド全体の崩壊を防ぐためにはどうすればいいか、という観点からの**マクロ・プルデンシャル・ポリシー**の遂行《すいこう》です。この両方とも、金融機関の監督・規制という分野に属します。

金融システムの安定化維持という問題は、この本のメインテーマである金融政策と深くかかわっており、時には相互に矛盾が生ずることがあります。たとえば、金融機関の財務内容が悪化しているにもかかわらず、経済情勢全体から見て金融引き締めを必要としているとか、不況脱出のために超金融緩和政策を長く続けた結果、金融機関のリスク感覚が麻痺し、収益増強を求めて高リスク資産への投資を膨らませる、などということがその例です。この間のバランスをどうとっていくかはなかなかむずかしい問題で、どうしても、自己資本比率の維持(「自己資本に関するバーゼル協定」)をはじめとする数々の金融規制に登場してもらわなければならないのですが、この本では紙数の関係でこの問題に立ち入ることができません。この問題に関する専門書は多数出ていますので、それらを参考にしてください。

流動性とは何か

交換決済のことに触れたついでに、それをいかにロスなくスムースに行うことができるかという観点から表した、**流動性**という概念についてふれておきます。

モノ・サービスとの交換がもっとも早く、簡単にできる、すなわち流動性がもっとも高いのが現金通貨であることは言うまでもありません。現金通貨の次が預金通貨ということになりますが、これについては、当座・普通等の要求払預金の流動性がもっとも高く、定期性預金がそれに次ぎます。定期預金はいったん普通預金にしなければ交換決済に使えないからです。このように、流動性によるランクづけに基づいて通貨をグループわけしたのが、前出の図表1-3で示したM1、M2、M3です。Mは**通貨量**(**マネーストック**)の頭文字です。一昔前までは

マネーサプライという言葉が使われていましたが、今ではマネーストックでほぼ統一されています。

若干専門的になりますが、流動性には、**資金流動性**と**市場流動性**という二つの種類があります。資金流動性とは、決済のための資金をどれだけ早く、容易に調達できるか、という概念です。市場流動性とは、どれだけ円滑に値段が折り合い、スムースに取引が成立するかを示す尺度であって、株式や債券売買について言われます（「流動性の高い銘柄」「低い銘柄」など）。このように、流動性という言葉は使用する人によってその意味が異なることが多いので、議論に際しては定義を明確にしておく必要があります。よく耳にする**過剰流動性**などという言葉が起こす混乱はその好例です。

金融政策とは何か

これまでのところで、通貨、金融についての基礎知識がひとまず整いましたので、いよいよ本題の**金融政策**の話に移ります。金融政策とは何かについてはいろいろな表現が可能ですが、基本的には、「政策担当者が、一定の意図をもって通貨・金融面から経済主体の行動に働きかけ、その意図を実体経済面に実現させるべく努力する一連の行為である」ということができます。**日本銀行法**（以下、**日銀法**）はこのことを、日本銀行は「通貨及び金融の調節を行うこと」によって「物価の安定」を実現し、それを通じて「国民経済の健全な発展」に資することをその目的・理念とする、と表現しています。欧米の中央銀行でも、金融政策の運営目的として、例外なく物価の安定が掲げられています。ただ、その表現には微妙な違いがあり、また、米国のように、物価の安定と並んで雇用の拡大が明示的に目的の一つとされている例もあります（第2章一一一ページ参照）。

ところで、通貨・金融が実体的な存在ではなく、観念の次元に属するものであるとすると、金融政策は観念の操作に深くかかわっているということになります。この問題は、後に**期待**——経済主体が持つ、将来起こるであろうことに関する予想——が経済活動に及ぼす影響を論ずる際に正面に出てきますので、記憶しておいてください。

先に、通貨を通貨として機能させているのは、それが持つ価値に対する社会の成員すべての信認であると言いましたが、通貨が観念的な存在となった社会において、それに対する信認を確保することは、通貨が実物的な存在であったかつての時代に比べると格段にむずかしくなります。金融政策の運営においては、そこで一歩誤ると、信認の喪失、すなわち経済活動全体が動揺・崩壊する危険が潜んでいることに常に留意しておく必要があります。

2 金融政策が働く場

資金の流れと金融機関

この章の冒頭で、金融とは、資金が余っている経済主体からそれを必要としている経済主体への資金の流れであると述べましたが、それを仲介するのが**金融機関**です。

金融取引はもちろん個別の当事者同士でもできますが、途方もない手間と時間がかかるために、どうしても専門家である金融機関に仲介役を果たしてもらわなければなりません。金融機関の仲介業務は膨大な情報とその処理から成り立っており、その意味で金融機関は、コンピュータ会社に似た情報産業、装置産業になっていると言えます。巨大な装置を動かすにはそれなりの数と質を持った人員が必要です。ただ、通貨が電子化された世界では、かつてのような大きな建物はいりません。そのことは、いわゆるネット銀行が相当の規模で営業を行っていることからもわかります。

金融仲介機関には、預金を取り扱うことができるもの(預金取扱金融機関、たとえば銀行)と、そうでないもの(たとえば証券、保険)の二種類があることの区別は重要です。前者は、貸出を通じて預金を新たにつくり出すことができるのに対して、後者はそれができないからです。この預金をつくり出す行為を**信用創造**と言います。

なお、金融には**間接金融**と**直接金融**の二種類があるとされます。間接金融の代表的な取引は、預金者（資金余剰主体）が手持ちの資金を銀行に預金し、銀行がそれを個人や企業（資金不足主体）に貸し出すというケースですが、ここでは銀行のバランスシートが動きます。つまり、銀行は、預かった資金でありながら、あたかも自分の資金を貸し出すかのような形をとっています（実はこの表現は正確ではなく、銀行は預金がなくとも準備さえあれば貸出ができるのですが、とりあえずはこうした説明にしておきます）。

これに対して直接金融のほうは、貸し手（資金余剰主体）と借り手（資金不足主体）との間の直接的な取引です。ただ、親戚や友人同士の貸し借りならばいざ知らず、複雑な経済構造をもった現代社会においては、ここでも金融機関が仲介者とならなければ取引を実行することは困難です。

もっともこの場合は、間接金融のように金融機関自身のバランスシートが動くことはありません。金融機関は、いわばメッセンジャーの役割を果たしているだけです。そのことは、たとえば個人や企業が株式や債券を買いたいと証券会社に相談することを考えてみればわかります。取引が成立すると、当事者（投資家と株式・債券発行者）のバランスシートは動きますが、仲介者である証券会社の資産負債には何の変化もありません。金融機関の収益という観点から見ると、間接金融の場合は、金融機関の資金調達コストと運用利回りの差、たとえば預金金利と貸出金利との差（**利鞘**《りざや》）が主たる収益源になります。そのほかに、証券投資収益などがあります。これに対して、直接金融の場合は仲介手数料が主要な収益源となります。

言うまでもないことですが、金融機関が仲介者として機能するためには、一般から十分の信頼が寄せられていなければなりません。他の業態に比べて、金融業に対してはより厳しい規制と監督の目が注がれているのは、こうした理由によるものです。金融機関の中でも、預金を取り扱うものに対しては、さらに厳しい規制があります。「銀行」という文字は免許がなければ使用できないとか、自己資本規制を守らなければ行政措置が講じられる、などというのはその例です。

資金がどのように流れているのか、どのような人・組織がそれにかかわっているかを一望できる便利な図が、日銀が作成している**資金循環表**です（図表1-4）。

資金循環表には、一定期間内にどのような取引があったかを示すフロー表と、それが積み重なった結果、ある一時点ではどのような状態になっているかを示すストック表の二種類がありますが、この図は後者です。右側が資金運用主体、左側が資金調達主体を示していますが、運用・調達は相殺されていないので、一つの部門が両方に現れることになります。たとえば、家計部門ですが、多くの預金や証券、それに、保険・年金の積立金といった資産を持っている一

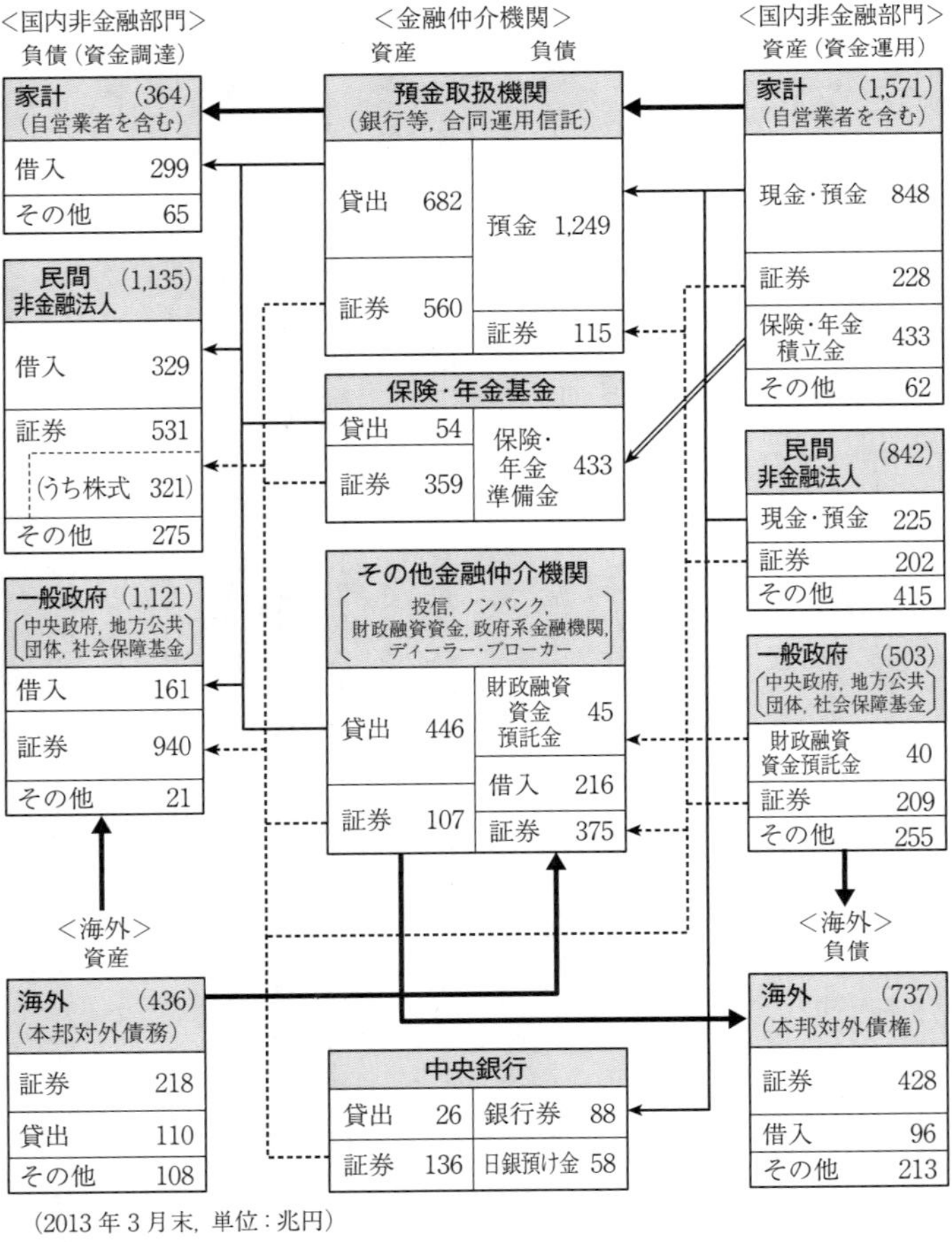

<国内非金融部門>
負債（資金調達）
家計 (364)
（自営業者を含む）
借入 299
その他 65
民間非金融法人 (1,135)
借入 329
証券 531
（うち株式 321）
その他 275
一般政府 (1,121)
〔中央政府，地方公共団体，社会保障基金〕
借入 161
証券 940
その他 21
<金融仲介機関>
資産
負債
預金取扱機関
（銀行等，合同運用信託）
貸出 682
証券 560
預金 1,249
証券 115
保険・年金基金
貸出 54
証券 359
保険・年金準備金 433
その他金融仲介機関
〔投信，ノンバンク，財政融資資金，政府系金融機関，ディーラー・ブローカー〕
貸出 446
証券 107
財政融資資金預託金 45
借入 216
証券 375
中央銀行
貸出 26
証券 136
銀行券 88
日銀預け金 58
<国内非金融部門>
資産（資金運用）
家計 (1,571)
（自営業者を含む）
現金・預金 848
証券 228
保険・年金積立金 433
その他 62
民間非金融法人 (842)
現金・預金 225
証券 202
その他 415
一般政府 (503)
〔中央政府，地方公共団体，社会保障基金〕
財政融資資金預託金 40
証券 209
その他 255
<海外>
資産
海外 (436)
（本邦対外債務）
証券 218
貸出 110
その他 108
<海外>
負債
海外 (737)
（本邦対外債権）
証券 428
借入 96
その他 213
（2013 年 3 月末，単位：兆円）

図表 1-4　資金循環表――部門別金融資産負債残高

出典：日本銀行の資料．

方で、住宅購入・個人営業のために金融機関から資金(通貨)を借り入れています。運用・調達を相殺したベースでは、この部門は昔から大幅な運用超過(資産超過)でした。

同様に、金融機関を除く法人部門もある程度の預金や証券を持っていますが、この部門は家計と違って負債超過になっているのが特徴です。ここで「借入」は主として銀行借入残高を、「証券」は株式や債券の発行残高を示します。昔から現在に至るまでの企業活動を支えてきたのは、こうして調達した資金です。株式は債券と違って法的には企業の債務ではありませんが、資金調達手段の一つであって、その意味では債券と同じです。

中央・地方政府も、運用に比べて圧倒的に調達額(債務)が大きい部門です。ここで「証券」とは、これまで国債や地方債などを発行し、それが積み上がっていることを示しています。

最後に海外部門ですが、日本の企業・金融機関は、海外からも資金を調達(借入、証券発行)している(左側　海外部門の資産)一方で、それをはるかに上回る運用(預金、貸出、証券投資)を行っていることがわかります(右側　海外部門の負債)。

仲介役の金融機関の項目では、たとえば、家計・企業の預金や保険・年金積立金といった資産は金融機関の債務、金融機関の貸出や保有証券(債権)は家計・企業の債務というように逆の関係になっています。仲介役ですから、資産負債を相殺したベースで見るとほぼトントンです。

ところで、家計は一五〇〇兆円以上の金融資産を持っているのだから、少々国債を増発しても簡単に消化できる、などと言う人がいますが、図表1-4はそうした理解が誤りであることを示しています。そうした誤解は、一五〇〇兆円という現金がタンスに眠っているという理解から生じているようです。一五〇〇兆円の家計の金融資産の中にはすでに国債がある程度含まれていますし、預金や保険・年金積立金の形をとっていても、その相当部分は金融機関を経由して間接的に国債を保有していることに等しいからです。

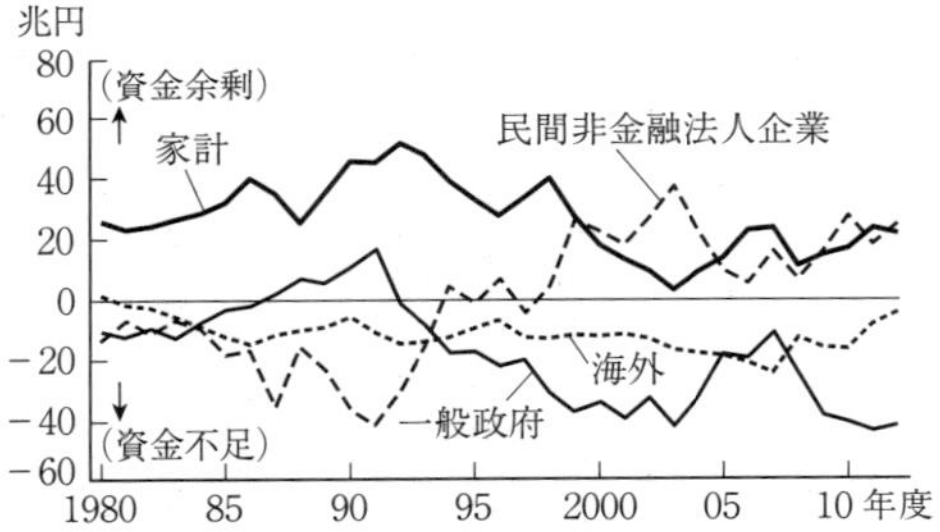

図表 1-5　資金循環表——部門別資金過不足
出典：日本銀行の資料.

図表1-4は一定時点(二〇一三年三月末)における状態(ストック)ですが、これを一定期間の変化(フロー)という観点から見たものが図表1-5です。この図からもいろいろなことが読み取れるのですが、後の議論との関係では、とりあえず家計が長年にわたって余剰部門であること、かつては資金不足であった法人部門が、近年ではフローベースでは資金余剰になっていることに注目してください。一方、政府部門は引き続き大幅な資金不足状態にあります。

金融商品と金融市場

すでに見たように、金融とは通貨の貸し借りないしは提供(出資)ですが、その結果、債権債務の塊が生まれます。こうした塊が、あたかも八百屋や魚屋の店頭で見るように、仲介人である金融機関によって「売られて」いると考えると、これを**金融商品**と呼んでも不自然ではありません。

もっとも単純な金融商品は預金、貸出、次いで株式や債券ですが、もともとの取引(**原取引**)にさまざまな工夫が凝らされて、続々と新しい商品が生まれています(**派生商品**)。将来の実行を約束する先物取引、原取引をキャンセルする権利を売り買いするオプション取引、原取引を一定条件で相互に交換するスワップ取引、などがそれにあたります。こうした取引は、原取引の規模(**想定元本**)に比べて格段に少ない資金(証拠金あるいはプレミアム)で実行でき、大きな利益を得ることができますが、損失もまた大きくなる可能性があります。

こうした金融商品の貸借《たいしゃく》・売買《ばいばい》の場が、広義の**金融市場**です。「場」と言っても具体的な場所があるわけではなく、当事者間で金融取引が行われれば、それが即「場」となるのですが、コミュニケーションをよくするためには取引当事者が頻繁に会う必要も生じますから、自然にそうした人たちが集まる「場所」ができてきます。ニューヨークのウォール・ストリート、ロンドンのシティなどがその例です。日本でも「兜町」などという「場所」があります。

広義の金融市場には、もっぱらプロ向けの場である**短期金融市場**と**債権市場**、主としてアマのための**預金・保険・信託市場**、プロアマが入り乱れる**株式市場**(通称、**証券市場**)、もともとはプロの場であったが最近ではアマも出没する**外国為替市場**などがあります。

金融政策が直接働きかける場は、この短期金融市場ですが、その影響がしだいに他の市場を経由して、やがては消費や投資、生産や雇用といった実体経済に波及していきます。それにともなって、当然物価も動きます。こうした金融政策の波及過程を**トランスミッション・メカニズム**というのですが、これについては大きく異なる二つの考え方があります。このことについては後に述べます(四八ページ参照)。

金利とは

金融政策の話に移る前に、**金利**について述べておきます。学生に向かって、預金にはなぜ金利が付くのかという質問をすると、「銀行はわれわれが預けたお金を使って儲けているのだから、その一部をわけてもらうのは当然だ」というような答えが返ってくることが多いのですが、通貨と並んで一般に誤解が多いのはこの点です。

前に「流動性」のことについて触れましたが、目の前でただちに交換決済に使用できる現金と、そうでない預金(現金化の必要がある)については、明らかに流動性に差があります。現金を保有している者にとって、銀行に預金するということは、高いレベルの流動性を犠牲にすることを意味します。したがって、当然その見返り(**リスク・プレミアム**)を要求する権利があると考えられます。

それだけではなく、預金するということは、銀行が倒産して預金が返ってこないリスクを負うということでもあります(そんなことがあっては困るのですが)。したがって、それに対する見返りも必要になります。これを**信用リスク**といいます。ただ実際は、預金は一定金額(一預金口座につき元本一〇〇〇万円プラス利息)まで預金保険制度で保護されていることは御承知の通りです。

同じ期間、同じ条件の預金という金融商品について、A銀行とB銀行とで違う金利が付いていたとすると、それはA銀行とB銀行についての信用リスクの差、つまり、どちらの銀行の経営がより健全かを示していると考えることができます。同様に、同じ期間、同じ金額の貸出について、その金利が違っているとすると、それは借り手の信用度を表すものと考えられます。

預金は元本金額が変動することはありませんが、金融商品によっては、債券のように市場で価格が変化するものが多く、それによって損害を被ることがあるために、それに相応する見返りについても考えなければなりません。これを、**価格リスク**、ないしは**市場リスク**と呼びます。為替リスクも価格(市場)リスクの一種です。また、金融機関がただちに換金できない固定的な資産を大量に持つ一方で、決済用の資金が十分でないような場合、この金融機関は**流動性リスク**を負っている、と表現します。時間が経てば経つほど何かが起こる可能性も増すというリスクを一括して、**期間リスク**ということもあります。

これまで見てきたところからもわかるように、一般に金利とは、さまざまなリスクの塊を一括して負うことに対する代償である、ということができます。リスクが大きければ当然その代償である金利、すなわちリスク・プレミアムも高くならざるを得ませんし、その逆もまた真ということになります。

金利がこのようなものであるとすると、短期の金利（短期とは通常満期まで一年未満の場合を言います）と長期の金利（満期まで一年以上）との関係も明らかになります。長期とは、将来に向けての短期の積み重なりであると考えると、この関係は、

長期金利＝満期に至るまでに予想される短期金利の平均値＋リスク・プレミアム

と表すことができます。

仮に、この期間中、短期金利が現在と同水準で推移するとすれば、長期金利は短期金利よりも期間リスク分だけ高くなり、グラフを書いてみると右上がりになるはずです。ただ、いつも

そうとは限りません。先行き短期金利が相当程度低下する、すなわち金融緩和が進むと予想されていると、場合によってはこのグラフは右下がりになる可能性もあります。その傾斜の度合いも、今後の金融情勢や金融政策をどう予想するかによって刻々と変化します。こうしたグラフの形状を**イールド・カーブ**と呼び、市場が今後の状況をどのように予想しているか（市場の期待）を読み取る際に、重要な材料となります（図表1-6）。

中央銀行がほぼ完全にコントロールすることができる短期金利とは異なり、長期金利の場合には、市場関係者の期待によって大きく変化するリスク・プレミアムという要素が働くために、中央銀行がこれをコントロールすることは格段に困難で、どうしても予想外の動きが避けられません（たとえば第5章二一〇ページ参照）。

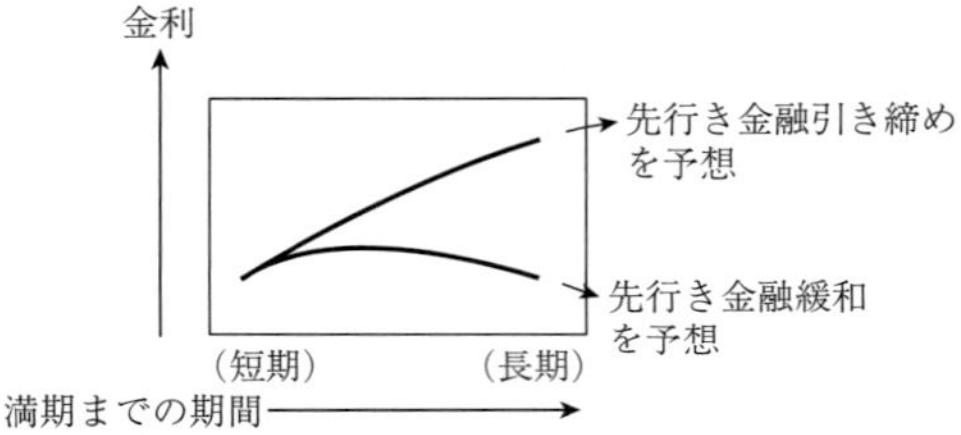

図表1-6　イールド・カーブ

利回りとは

ところで、金利については、**利回り**という言葉との違いについて留意する必要があります。リスクに対する見返りという意味では両者の間に違いはないのですが、元本金額に対する見返りの金額が初めから決めてある場合には金利という言葉を、事前にはわからず、事後的にその金額が決まるような商品については利回りと表現するのが一般的です。

たとえば、預金は初めから元本に対して何％の利子(利息)を付けるということが約束されているために、通常は金利という言葉を使います。一方、債券などは市場で売買されており、その価格は日々変動しています。この場合は、実際に売却して初めて当初の投資金額に対してどの程度、損益が生じたかがわかるわけで、その時は利回りという言葉を使うのが普通です。ただ、これはそうでなければならないというようなものではなく、日常普通に使われているのはどちらの言葉か、という程度の問題だと考えてください。預金についてはもちろん価格変動などといったことはありませんが、金利に代えて利回りと言う言葉を使っても間違いではありません。

このほかに、**利子率**という言葉があります。利子率は金利や利回りと同義に用いてもいいのですが、かなりアカデミックな色合いがあり、かつ金融だけに限定されるわけでもありません。

債券の利回りについて触れたついでに、それと、債券の市場価格との関係について述べておきます。国債等の主要な債券は、金融商品として市場で売買されており、その価格は、市場における需要と供給の関係によって刻々と変化しています。

市場で売買されている債券を買おうとしている投資家にとっての運用利回りは次の式で計算

します(ここでは満期前に売却することを想定しています)。ここでクーポンとは、額面金額に対して一定の比率で利子が支払わることを意味しており、クーポンレートとは、決められたその金利のことです。

分子＝年間金利収入(額面金額×クーポンレート)
　＋年平均売買損益(債券の購入価格－売却価格)
分母＝債券の購入価格
分子／分母＝債券の投資利回り

この式で、分母が債券の購入価格、すなわち、購入時の市場価格になっていることに注目してください。つまり、債券の市場価格が上昇するということは債券の投資利回りが低下すること、債券価格が低下するということは利回りが上昇することに等しい、ということです。この関係自体は原因と結果ではなく、同じことを価格と利回りのどちらの側から表現しているかに過ぎません。

その一方で、「国債の増発は国債の価格を低下させ、長期金利の上昇を招く」、「金利の上昇は国債価格の下落を招く」というような表現をしばしば耳にします。こうした表現が生まれてくるのは、この債券が、同種同等の他の金融商品と競合関係にある、したがって、他の金融商品の金利ないし利回りがこの債券にも反映されるためです。同種同等の競合商品の利回り（金利）が上昇しているときには、これから発行を予定している債券については、それらに対抗できるだけの条件をオファーしなければなりません。したがって、発行に際しては、高いクーポンレートをつけるか、低価格で売り出すか、あるいはその両方を行う必要が生じます。これが、金利の上下と債券価格の変動があたかも原因と結果であるかのような表現を生む理由であろうと思われます。

そのことはともかくとして、低金利時代に購入した債券を高金利の時期に売却しようとしている投資家は、購入当時よりは低い市場価格で処分せざるを得ないことになります。したがって、ここでは、**金利変動リスク**は価格変動リスク（市場リスク）と同じ意味です。金利全般が低下している時にはその逆で、購入金額より高い市場価格で売却し、利益を出すことができます。

金融機関は多額の債券を持っていますが、企業会計上は、それを処分しなくても、保有しているだけで、期末に時価で評価替えし、損益を計上しなければなりません。価格リスク回避のための何らかの手を打っておかない限り、金利が上昇すると、低金利時代に購入した債券については**評価損**が出ることになり、場合によってはそれが大きな規模に達します。この時点でこれを売却すれば**実現損**が生じます。

なお、株式についても同様の会計処理をしますから、購入時より株価が上昇している時には評価益が、下落している時には評価損がそれぞれ計上されます。期中では**含み損益**と呼ばれますが、このことは債券についても同様です。企業や金融機関が多額の株式や債券を保有している時には、こうした評価ないし含み損益の存在が、その活動に、ひいては景気に大きな影響を及ぼす可能性があることを常に念頭においておかなければなりません。

なお、債券については、短期の社債であるコマーシャル・ペーパーをも含め、格付け会社がその元利払いの確実性を調査分析し、その結果をＡＡＡ、Ａａａなどのアルファベット符号で表してランク付けをしています。格付け会社は民間機関であり、基本的には債券発行者からの依頼に基づいて格付けを行っているものであって(国債などの例外はありますが)、あくまでもその格付け会社自身の見解に過ぎません。しかし、それが市場に与える影響は無視できないものがあり、政策当局として、格付け機関の活動にどのように関与すべきかということは、一つの課題となっています。とりあえずは登録制とし、調査分析内容の透明性を図るよう指導していますが、さらに厳しい規制が必要だという声もあり、今後の議論が注目されています。

3　金融政策の決定と実行

図表 1-7　各国の中央銀行の金融政策決定機構

	決定機構	構　成
日本銀行 (BOJ)	政策委員会 (金融政策決定会合)	総裁，副総裁 2 名，および 6 名の審議委員の計 9 名
連邦準備制度 (FRB)	連邦公開市場委員会 (Federal Open Market Committee: FOMC)	FRB 議長，副議長，理事 5 名および地区連邦準備銀行総裁 12 名の計 19 名 注 1
イングランド銀行 (BOE)	金融政策委員会 (Monetary Policy Committee: MPC)	総裁，副総裁 2 名，内部委員(理事)2 名，外部委員 4 名の計 9 名
欧州中央銀行 (ECB)	政策理事会 (Governing Council)	政策理事会メンバー 6 名(総裁，副総裁，理事 4 名)およびユーロ加盟 17 カ国の中央銀行総裁の合計 23 名 注 2

注 1：このうち投票権者は 12 名(議長・副議長を含む理事 7 名および地区連邦準備銀行総裁 5 名，うちニューヨーク連銀は常勤，他の 4 名は毎年交代)．
注 2：ユーロ加盟 17 カ国の総裁のうち，15 名がローテーションで投票権を持つ．

誰が決定するか

先に、金融政策とは、通貨・金融に働きかけ、それを変化させることによって実体経済に影響を与える政策であると言いましたが、具体的には、誰が、何を、どこでどうするのか、ということです。

まず「誰が」ですが、これについては、各国の中央銀行とも委員会制度がとられており、この点については大差がありません(図表1-7)。例外はカナダとニュージーランドで、総裁が決定します。

このことに関して、ひところ、政府の言うことを聞かない総裁を罷免《ひめん》することができる条文を盛り込んだ日銀法の改正を、という声が聞こえてきたことがありましたが、政策の決定が委員会の多数決で行われる以上、そのことは、政府の意に反した決定を行った政策委員会委員全員の罷免を意味します。日銀法を改正せよと主張している論者は、政策は総裁一人が決定していると考えているようですが、それは完全な誤解です。時には票決に際し、総裁が少数派になることもあり得ます。現に英国のBOEでは、そうした例があります。総裁は日銀という組織のトップであり、その組織運営についての全責任を負っていますが、金融政策については、政策委員会を構成する委員の一員として自己の意見を述べ、委員会を代表して外部と対応するスポークスマンに過ぎません。このことは、どの中央銀行についても同様です。

ただ、どこの国でも、総裁に選ばれる人物はきわめて高度な理論的バックグラウンドと、組織を運営するのに必要な優れた能力・教養・人格を兼ね備えており、その人の発言が重みを帯びるのは自然の流れです。決定の実行を執行部に指示するのが、組織の長である総裁であることは言うまでもありません。

どのように実行されるか

政策委員会の金融政策決定会合で下された金融政策の運営方針は執行部に指示され、実行に移されます。その際に中央銀行が働きかける場が、プロの集まる短期金融市場です。

金融政策は、中央銀行が、短期金融市場の一員としてこの市場で取り引きされる資金の需給関係に影響を与え、それによって**政策金利**をみずからが望む水準に近づける、というところからスタートします。短期金融市場で取り引きされている金融商品には、国庫短期証券、ＣＰ（短期社債）、手形、現先（一定期間後に反対方向の取引を約束して証券を売買する）などいろいろありますが、それらを突き詰めて言えば、金融機関が中央銀行に保有する預金に帰着します。短期金融市場の資金と言えば通常はこの預金を指し、その大部分が準備（リザーブ）と呼ばれていることは前にも述べました（一八ページ参照）。

各国の中央銀行は、金融機関同士がこの準備をごく短期、通常は今日借りて明日返すというオーバーナイト（Ｏ／Ｎ）取引で融通しあう際の金利を政策金利としています。日本の**コールレート**、米国の**フェデラル・ファンド（ＦＦ）**金利がそれです。欧州ではメイン・リファイナンス・オペレーション（ＭＲＯ）金利がそれにあたります。

短期金融市場における資金の供給と需要を決める要因は、大別して銀行券の出入りと財政収支ですが、これについてはこの後で少し詳しく見ていきます。それに加えて、各金融機関が、中央銀行にどの程度の預金を持っておくことが適当と判断しているか、ということがあります。

このことについてもう少し説明しますと、預金取扱金融機関は、**準備預金法**に基づいて、顧客預金等の残高の何％かを準備として中央銀行に預金しておくことが義務づけられており、それが最低限の残高となります。これを**法定準備**もしくは所要準備と言い、預金残高に対するその比率を**法定準備率**と言います。残高の計算は一カ月単位の平均値で行われますが、預金の増加とそれに対応する準備の積み増しとの間には半月のラグがおかれています。法定準備を超えてどの程度の準備を保有するかは、各金融機関が、決済のために、あるいは予備としてどれだけ保有すればいいかを考慮して決めます。金利がプラスの時代には、中央銀行に準備を積み上げておくよりは他に有利な運用手段があるため、準備のレベルは、法定水準ギリギリというのが通常の状態でした。

なお、日本では、準備預金法にいうところの準備は日銀におかれる預金のみですが、米国では、それに金融機関が保有する手許現金も加えています。これは統計技術的な問題ですが、金融機関の準備と手許現金とは相互転換自由ですから、本来ならば現金を加えたほうがいいのでしょう。ただ、結果にそれほど大きな差が生ずるわけではありません。

準備預金制度は、かつて、預金者の預金保護の目的で始められたもの(支払い準備)ですが、現在では預金保険制度がその役割を担っており、準備預金はもっぱら金融調節のための足がかりという意味しか持っていません。日本の場合、法律で求められている準備の水準は平均して顧客預金債務の〇・八%程度であって、支払い準備などと言える水準ではありません。

二〇一三年六月中の法定準備預金平均残高は約八兆円、準備預金総額は約七六兆円で、大幅な余剰準備を保有しています。法定準備を上回って積まれている部分には、中央銀行が政策金利並みの金利を付けるのが昨今の世界の通例です。日銀の補完当座預金適用金利がそれです（金利は現在〇・一％）。以前はこうした制度はなかったのですが、金利がゼロになった世界では短期金融市場取引が消滅する恐れが出てきたために、この金利が短期金融市場の機能を維持する役割を果たしています。ゼロ金利時代においては、大量の余剰準備を積み上げるインセンティブになるということも、金利を付ける一つの理由です。

ただ、この制度があるために、銀行が余剰資金をここに滞留させ、有効に活用していないのではないかという議論があり、しばしばこの金利を引き下げてはどうかという話が出てきます。このことについては第5章で論じます（二三二ページ）。

ところで、かつては法定準備率の上げ下げが、公定歩合操作、公開市場操作と並んで金融政策の運営手段とされたことがありましたが、今日ではそうした意味で用いられることはなく、各国とも、金融調節手段としての準備率の操作は凍結された状態にあります。もともと準備預金制度については、対象となる特定の金融機関に対して、その収益に響くような手段をとることが公平妥当かどうかということのほかに、ごくわずかの準備率の変化でも、金融市場に大きな影響を及ぼすということが問題点として指摘されてきました。ただ、現在の超金融緩和状態から脱する際に、余剰準備の吸収策として法定準備率を引き上げるというアイディアが再び浮上する可能性があります。出口問題と言われているこのことについては、第4章で触れます

（一九七ページ）。

金融調節はどのように行われるのか

先ほど、短期金融市場の資金の需給関係に影響を与える外部要因として、銀行券の出入りと財政資金の動きを挙げました。ここではそのことについてもう少し詳しく見ていきます。

まず銀行券の出入りですが、銀行券が市中に出ていくと短期金融市場では資金不足要因、銀行券が戻ってくると資金余剰要因となります。銀行券が市中に出ていくということは、金融機関が中央銀行に持っている預金、つまり準備を取り崩して銀行券に替える（中央銀行からトラックなどで運び出し、自分の金庫やＡＴＭに入れる）ことを意味し、準備が減るという意味で、短期金融市場の資金が減少する要因となるからです。世の中に出回る銀行券が増えると引き締まり、減ると緩和する、というのは一般の感覚とは逆ですが、短期金融市場の資金需給という観点からはそういうことになります。

次に財政収支ですが、政府の財政支出は準備増加要因、つまり、政府が中央銀行に持っている預金から、金融機関の準備への振り替えとなります。一方、税収等政府の収入は準備減少要因、つまり金融機関の準備から政府預金への振り替わりです。このように、政府と国民との間の資金のやり取りである歳入歳出は、究極的には、政府と金融機関それぞれが日銀に持っている預金の振り替えという形をとります。

このように、準備ないしは短期金融市場の資金に対する需要と供給は、時々刻々大きく変動します。したがって、市場をそのまま放置すると金利は上下に激しく動き、政策金利から乖離《かいり》してしまいます。そこで中央銀行は、そうした変動を打ち消すような行動に出ます。具体的には、短期金融市場で資金が不足すると、金融機関保有の短期の証券を買い入れることによってその金融機関の中央銀行預金を増やす、すなわち準備を供給します。逆の場合は、中央銀行保有の短期の証券を金融機関に売却して、その金融機関の中央銀行預金を減らす、すなわち準備を吸収するという操作（**オペレーション**、オペ）を行って、政策金利をおおむね目標水準に維持します。これが**金融調節**と呼ばれているものです。

中央銀行には銀行券の独占的発行が認められていますが、そのことは、銀行券の元になる準備の独占的供給権が与えられていることと同じことです。このように、中央銀行が最終的な貸し手（準備の最終的供給者）として短期金融市場の価格決定権を持っていることが、日々の円滑な金融調節を可能にしています。

オペレーションの相当部分は短期の売り戻し、ないしは買い戻し条件付きですが、状況によっては売り切り、買い切りもあります。オペレーションの結果、日銀が損失を被ることのないように、銀行からは適切な担保を取っています（**共通担保制度**）。共通担保にもとづくオペレーションは、通常は金利を提示して希望額を入札させる方式（固定金利オペ）ですが、そのほかに、利回りを入札にかける方式もあります。固定金利オペの場合は、金融機関が、その金利では買い入れたくないというケースもあり、その場合は売れ残りが出ることになります（俗に**札割れ**と表現されます）。

短期金融市場への資金供給は、中央銀行が、ある特定の金融機関からの申し出に対して一定の金利で直接貸出を行うことによっても可能です。日銀の**補完貸付制度**がそれですが、この貸出金利はその昔、**公定歩合**と呼ばれていました。しかし、この言葉は現在ではほとんど死語に近いと言っていいでしょう。二〇一三年八月末現在、政策金利〇〜〇・一%に対して、貸出金利はそれに上乗せした〇・三%です。かつては主流であったこの方式は、しかしながら現在ではごく例外的にしか行われていません。

日本ではそれほどでもありませんが、金融機関はもともと、中央銀行から直接借りるのをできるだけ避けようとする傾向があります。あの金融機関はそれほど困っているのか、という外部の評判を気にしてのことですが、「**スティグマ**（烙印）」と称されるこの傾向は、金融危機時に何とか資金を供給したい中央銀行にとっては障害になることもあります。事実、サブプライム危機が深刻化した際の米国の中央銀行、ＦＲＢの悩みの一つはこれであり、その解決策の一つとして、決められた金利で貸し出すのではなく、貸出を公開入札の形にして金利を決定する方式にしたこともありました。日銀の共通担保オペレーションは、いわばこれを先取りした形ということができます。結局は同じことではないか、という人もいるのですが、陰でコソコソ動くのではなく、衆人環視の中での資金調達ということで、スティグマ感覚が和らぐということでしょう。固定金利で、量的には無制限に需要に応ずるといった措置を講じている場合には、とりわけそうしたことが言えるかもしれません。

金融調節に用いられる手段が主として短期の証券(満期までの期間が一年未満の国庫短期証券、手形、CP等)とされているのは、長期の証券を用いると、マーケット・インパクト、すなわち価格への影響が大きく、市場取引の攪乱要因となることが多い、特定の証券の残高が中央銀行の手元に積み上がると金融調節に支障が生ずる恐れがある、といった事情によります。ただ、この点については、最近では超金融緩和政策の推進ということで相当程度の長期国債を買い入れており、状況はかなり変わってきています(第2章九一ページ参照)。

なお日銀は、準備を吸い上げるためにみずから手形を振り出してこれを金融機関に売却する、**売出手形**という手段を持っていますが、FRBにはこうした手段がなく、一時は財務省に頼んで特別の証券(国債の一種)を発行してもらい、それを売却して資金を吸収するという方法をとったことがあります。資金吸収手段が限られているということは、いずれ出口の段階で問題になる可能性があります(第4章一九二ページ)。

4　金融政策の波及過程

こうして実行に移された金融政策の影響はどのようにして実体経済に波及していくか……これが、**金融政策の波及過程**(transmission mechanism)をめぐる議論です。これについては、昔から金利を重視する見解と通貨量を重視する見解との対立があります。言葉の厳密性にしばし目をつぶって、前者を**ケインジアン・アプローチ**、後者を**マネタリスト・アプローチ**と名づけ、以下、各々その主張を見て行くことにします。

ケインジアン・アプローチ(金利経由)

ケインジアン・アプローチのあらましは図表1-8で示してあります。このアプローチによれば、政策金利を中心として短期金融市場で形成された金利は、やがて中期(満期まで五年から一〇年程度)や長期(同一〇年以上)の金融市場金利全般に影響を与え、それが投資や消費、生産・雇用といった実体経済に及んでいくとされています。株式や不動産といった資産市場も金利の変化の影響を受けて価格が変化し、それが実体経済を動かす一因となりますが、こうした動きは**資産効果**と呼ばれています。企業や個人の資産が膨らむと、銀行から借り入れる際の担保価値も増し、以前より多額の資金を調達することができます。金利の変化は為替相場にも反映され、それが輸出入に影響を与えます(第3章一三五ページ)。

実体経済活動(生産・消費・投資)の変化は、実物(モノ—財、サービス—労働力)に対する需要と供給の変化を通じて賃金、物価を変化させます(コラム参照)。ここでは、賃金や物価が実体経済活動の体温計という位置づけになっていることに留意してください。身体が温まった結果、体温計の目盛りが上昇するのであって、体温計の目盛りがまず上昇し、それが身体を温めるわけではないということです。

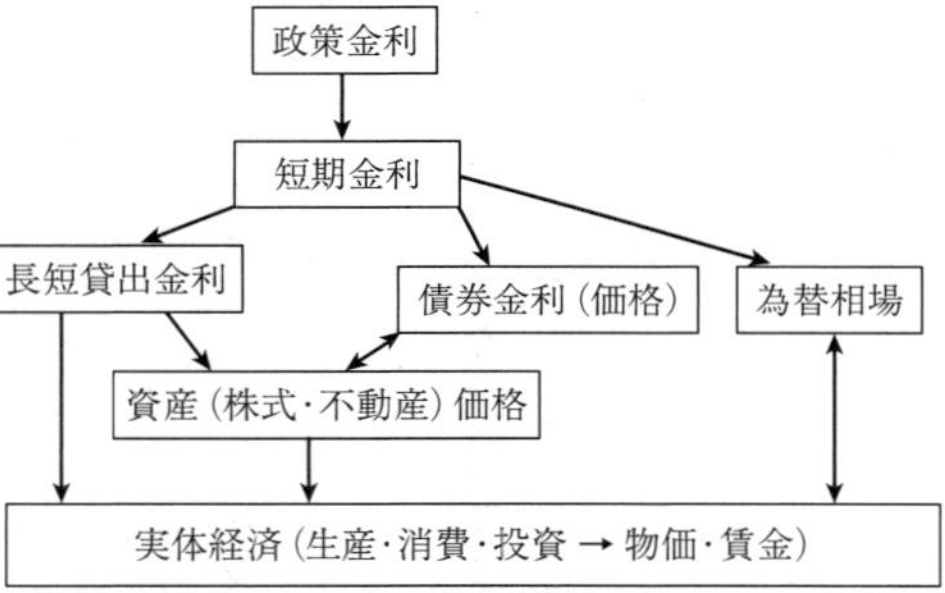

図表1-8　ケインジアン・アプローチ

通貨量との関係で言えば、実体経済活動が活発化すると、通貨に対する需要を増やし(つまり、銀行に対する借入需要が増え)、その結果、預金や現金通貨量も増加します。預金通貨量の増加は準備の積立所要額を増やすことにつながります。中央銀行は、一定の金利水準を維持するという観点から、これに応じて準備供給量を調節することになりますから、準備残高は増加していきます。ここでは、通貨量や中央銀行準備の増加は、経済活動が活発化した原因ではなく、むしろ結果であるという位置づけになっています。

問題は、この政策金利の水準がどのような判断で決められるのかということです。伝統的なアプローチは、可能な限り多くの情報を集め、そこに潜むさまざまなリスクを比較衡量《こうりょう》したうえで、どのような金利水準を選べばそうしたリスクが現実化する可能性を最小限にとどめることができるかという「総合判断」を重視する姿勢をとります。FRBの議長であったグリーンスパンは、巧みな**リスクマネージメント**で有名でしたが、日本銀行の伝統的な政策金利の決定も、もっぱらこうした総合判断によって行われてきました。

しかしながら、こうしたアプローチに対しては、政策の決定過程が不透明だという批判が常についてまわります。何か、より客観的・数量的な判断基準、金融政策の神様グリーンスパンでなくとも、誰でも同じような結論が得られる簡単明瞭な方法はないものか……これが、「ルールか裁量か」という、各国の中央銀行を悩ましてきた問題でした。こうした観点からさまざまなモデルが作られ、現実にあてはめる作業が続けられてきましたが、現在そうした声にもっともよく応えるものとして広く知られているものが、**テイラー・ルール**です。

テイラー・ルールは、望ましい物価上昇率（目標物価上昇率）と、長期持続可能な成長率（潜在成長率）とを同時に実現するためには、どのような政策金利水準が妥当であるかを具体的な数値で示すことができるものです。

テイラー・ルールの原型

政策金利＝目標物価上昇率＋均衡実質金利

＋α（現実の物価上昇率の、目標物価上昇率からの乖離）

＋β（潜在成長率と現実の成長率との間の乖離、すなわち「需給ギャップ」）

それでは、各国の中央銀行はこのルールに従って政策金利を決定しているかというと、実際はそのようなことはありません。その理由は明白であって、千変万化する内外環境の下で、一定の前提のもとに組み立てられたモデルが常にあてはまるという保証はまったくないからです。とりわけ、ゼロ金利が日常化している今日の状況の下、テイラー・ルールが示す政策金利水準を実現することは不可能です。均衡実質金利（完全雇用下において貯蓄と投資を一致させるような金利）や潜在成長率といった、現実の統計によっては観測できない変数を扱うことについても、前提の置き方いかんで数値が変わってくるという問題があります。それに加えて、そこで扱われる物価上昇率や実質成長率等の数値は、現実のものか、それとも見通しベースなのかという問題もあります。政策運営の弾力性・自由度の確保を何にもまして重視する中央銀行の立場から言っても、モデルの機械的な適用は好ましいものではありません。

ただ、以前に比べると、中央銀行がこのルールを意識していることは事実であって、たとえば日本銀行政策委員会の議事録などを見ても、ゼロ金利政策を解除すべきか否かをめぐって、テイラー・ルールを適用した場合にどうなるかといった議論が行われています。

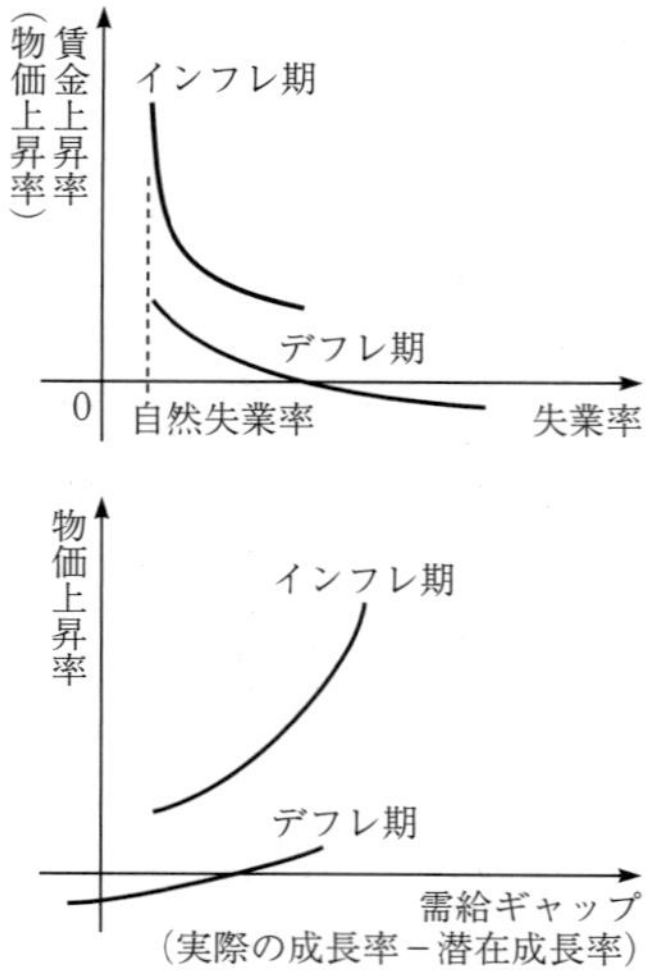

コラム●フィリップス曲線

雇用と賃金ないしは物価上層率との関係を示すものとしてよく耳にするのが、図で示した右下がりのフィリップス曲線です。

横軸に、失業率の代わりに需給ギャップを置けば、右上がりの曲線となり、こちらのほうが多く使われています。デフレが長引くと、この曲線が下にシフトし、かつ傾斜もゆるくなることが知られています。

期待の役割

ケインジアン・アプローチについては、もう一つ重要な問題があります。経済学において**期待**が果たす役割の重要性が重視され出したのは一九七〇年代のなかばごろからであって、学界では一時、**合理的期待仮説**が一世を風靡《ふうび》したことがあります。この理論は、「合理的に判断し、行動する経済人は、ある経済政策が実行に移される以前にその経路と結果を完全に予想(期待)し、それを前提として行動する」と主張するものです。これを延長していくと、「経済政策は、それが立案される過程ですべて経済主体の予想に織り込まれる結果、結局はその政策がめざしたところが実現することはない」というような結論になってしまいます。

これについては、その後、そうした前提が現実にあてはまるかどうかをめぐって議論があり(この仮説が言うところの「合理的経済人」なるものは現実に存在するのか?)、現在では昔ほど頻繁に耳にすることはありません。しかし、その影響はその後の経済理論の展開に広く深く浸透しています。最近の金融政策論では、「フォワード・ルッキング・アプローチ」、つまり先を見通して政策運営を考えるということがよく言われますが、これなどはこの理論の反映です。

先ほどは、中央銀行が政策金利を変更すると、その影響が短期金利に、さらに中長期金利や資産価格に、さらには実体経済に波及していくと言いましたが、この期待理論を導入すれば、実際に政策金利の変更が行われる前でも、中央銀行が金融政策のスタンスを緩和しそうだ、という期待が広まるだけで、短期金利をはじめとするさまざまな金融変数は変化します。同様のプロセスは株式や為替相場にもあてはまります。金融緩和の期待が株高・円安を生む、というのがそれです。

期待は、金融変数から実体経済への波及過程においても重要な役割を果たします。企業の投資計画は、現実に長期金利が動かなくとも、先行きの低下を見越して動き出します。家計の消費・投資(住宅投資)行動はそれほど敏感ではないでしょうが、それでも世の中が動き出したという前向きの感覚が家計の経済活動に相当程度の影響を及ぼすことは十分にあり得ます。株価・不動産価格の上昇は、実際にそうした資産を処分しなくとも、評価益の増加が人々の心理状態に及ぼす影響を通じて、現実の消費・投資活動が活発化する要因となります(資産効果)。株価や不動産価格が上昇しても、それ自体は実質GDP(一定期間におけるモノ・サービスの生産量)を増やすわけではありませんが、バブル華やかなりしころに経済成長率がある程度のレベルに達していたことについては、たぶんにこの資産効果が働いたものと思われます。

かくして問題は、中央銀行はいかなる形で自己の政策意図(現状維持、緩和、引き締め……どの程度かを含め)を正確に市場に伝え、市場にみずからの望むような期待を生み出すことができるか、市場はいかなる方法でこうしたメッセージを読み取り、それに基づいてどのように反応するかという、メッセージないしはシグナルの伝達になります。言い換えれば、中央銀行と市場との間のコミュニケーション戦略、あるいはフォワード・ガイダンスの問題になります（第2章一〇五ページ）。

マネタリスト・アプローチ（通貨量経由）

次にマネタリスト・アプローチですが、その概要は図表1-9で示してあります。ケインジアン・アプローチに比べると単純明快でわかりやすく、そのことが一般にアピールする一因になっています。

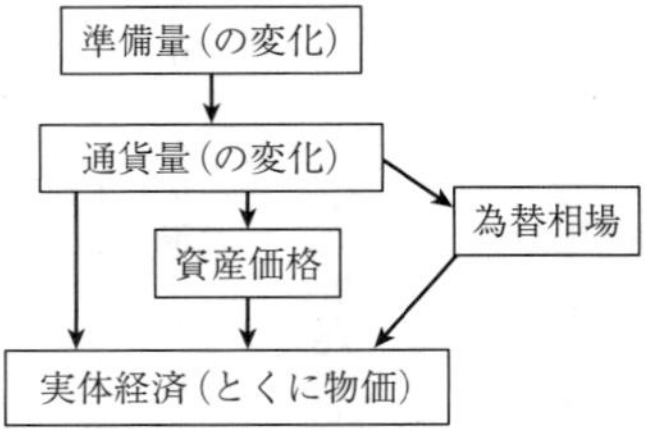

図表1-9　マネタリスト・アプローチ

この理論は、まず、中央銀行が供給する準備から出発します。一単位の準備（R）の増加は、何単位かの通貨量（M）の増加をもたらすとされますが、この関係（M／R）を**信用乗数**といい、安定的であるとされています。準備と通貨との関係はまた、M＝R／rとも表されます。rは、金融機関が顧客の預金に対して保有する準備の比率、すなわち準備率です。準備の供給が、その何倍かの通貨を生み出すこの過程を、**信用創造**と言います。

すでに見たように、準備（**リザーブ**）は、預金取扱金融機関が中央銀行に持っている預金ですが、これに、発行されている現金を加えたものが、**マネタリーベース**、ないしは**ベースマネー**と呼ばれているものです（**ハイパワード・マネー**とも言われます）。中央銀行の準備と現金通貨とは相互転換自由の関係にあるため、両者を合わせて考えることは理にかなっていると言えます。ただ、世の中に流通する現金残高はそれほど大きく動くものではなく、実際問題として準備だけを見ていてもそれほど大きな問題は生じません。

この、通貨量と実物経済との関係は、MV＝PTという式で表されます。これを**通貨数量説**といいます。ここで、Mは通貨量（マネーサプライ、ないしはマネーストック）、Vは通貨の回転率（一単位の通貨が一定期間内に何度使用されるか）、Pは物価、Tは取引高です。これをより実際的な形に書き直したのが、M＝kPYという、**ケンブリッジ（マーシャルの）交換方程式**と呼ばれている式です。Mは通貨量、kは一定の係数、Pは一般物価水準、Yは生産量であって、これは実質GDPと考えることができます。そうすると、PYは**名目GDP**ということになり、実際に数字をあてはめて分析することができます。

この式が言っていることを簡単に要約すれば、通貨の量と生産額（数量×価格）との間には一定の関係があるということですが、マネタリストは、そこからさらに進んで、通貨の量を増やせば価格は上昇し、生産量は増加すると主張します。その際、マネタリストはしばしば「ワルラス法則」というものを引用します。通貨需給と実物需給との関係を論ずるこの法則については、後にマネタリスト・アプローチの問題点を吟味する際に簡単に説明します(第5章二一九ページ参照)。

この理論を、デフレ脱却のための政策論として考えると、次のようになります。デフレとは一般物価の持続的な下落だとすると、これを克服するためには、まずは中央銀行がベースマネーを増やさなければならないということです。これが、マネタリスト・アプローチが言うところの**量的緩和**です。

ベースマネーの増加は、先ほどの信用創造のメカニズムによって通貨の増加に直結します。その後は、通貨の増加が物価の上昇と生産の活発化をもたらすという、通貨数量説に沿った主張となります。通貨量の増加はまた資産価格の上昇をもたらし、その点からも経済活動を刺激します。通貨量の増加がもたらす物価の上昇は、為替相場を円安方向に導き(第3章一三三ページ)、輸出を活発化させることによって経済活動全般にプラスの影響を及ぼします。一部の学者はさらにすすんで、両国間の通貨量(マネーストックないしはマネタリーベース)の差そのものが為替相場の変化をもたらすと主張しています。

このような形で民間の経済活動が活発化していけば、それはやがて税収の増加となって財政収支の改善にも役立つと考えます。景気回復の結果、これまで必要とされてきた財政支出も削減が可能となり、このことも財政赤字圧縮につながっていくという主張になります。

このように、マネタリスト・アプローチでは、ケインジアン・アプローチとは異なり、準備、ないしはそれに現金を加えたベースマネー、およびそれによって変化するマネーストックがメイン・エンジンとなって経済活動を刺激ないし抑制する、という構図になっています。

金利との関係

ベースマネーのレベル、ないしはその上げ下げにもっぱらの注意が向けられるとなると、短期市場の金利は大きく変動することになります。そのことが実際に起こったのは、一九七〇年代末から一九八〇年代初めにかけてのヴォルカーFRB議長時代の米国でした。ヴォルカーは、インフレ防止のために準備の残高を一定水準にまで引き下げる政策をとり、資金の供給を絞ったのですが、このために短期金利は大きく上昇しました。その結果、当時、社会を悩ませていた高インフレは急速に終息に向かったのですが、この実験は、マネタリスト・アプローチが現実にあてはまるものかどうかについて、大きな疑問符を投げかけるものとなりました。短期金利の乱高下は、金融機関経営にとって、そして企業の経済活動全体にとって、はなはだしい攪《かく》乱《らん》要因となったからです。ヴォルカーの真意は、マネタリスト・アプローチの採用にあったのではなく、むしろこのアプローチの非現実性を印象づけようとしたのではないかとも言われています。

このときの経験からわかったことですが、短期金利ではなく、一定の準備の水準を目標にして日々の金融調節を行うということは口で言うほど簡単なことではありません。担当者は、ある程度の時間をおいた後で判明する通貨量を推測しながら、いわば手探りで日々の調節を行わなければならないからです。しかも、準備と通貨量との関係ないしは信用乗数は、安定的というには程遠いのです（第5章二一七ページ参照）。

マネタリスト・アプローチの主張はおおむね以上のようなものですが、ケインジアン・アプローチのところでも述べたように、最近の理論では、ここでも期待が大きな役割を担《にな》っています。ケインジアン・アプローチでもそうですが、マネタリスト・アプローチについても全面的に期待の網掛けが行われているというイメージです。中央銀行が多額のベースマネーを供給する、今後はさらにそれを増加させる、つまり思いきった金融緩和を行うという姿勢を示せば、そのことが期待を通じて資産価格を上昇させ、為替相場を変化させるというわけです。つまり、ここでも問題は中央銀行のコミュニケーション戦略に帰着するということになります。中央銀行が、マネタリストの言う意味での「金融の大幅緩和」にいかにコミットしているかを一般に信じさせる、そのことが何よりも重要であるということです。

この立場から言わせると、中央銀行がベースマネーを増やす際に、そのメリットと同時にその副作用に言及することは避けるべきだということになります。このことが、中央銀行が準備を大幅に拡大する意向であるという「ニュース」に対して経済主体が抱いたせっかくの期待を打ち消すことになるからです。

第2章

金融政策の軌跡

1　伝統的金融政策

インフレと国際収支の天井

第二次世界大戦終了後のいわゆる戦後復興期（一九五〇年代前半から一九六〇年代初めまで）と、それに続く高度成長期（一九六〇年代前半から一九七〇年代初めまで）の日本経済の特徴は、現実の経済成長が潜在成長力を上回る、いわゆる**高圧経済**の時代であったということです。企業の投資活動はきわめて活発で、経済規模が急テンポで拡大していたのですが、こうした時代にはどうしてもインフレが起きやすく、日銀に課せられた課題は、どのようにしてこのインフレ圧力をコントロールし、適正な物価上昇率を維持することができるか、ということでした。

インフレと並んで、この当時の日本経済の運営上最大の障害となったのは、**国際収支の天井**と呼ばれていた問題でした。経済活動が活発化すると輸入が増え、貿易赤字が拡大する。サービス収支は恒常的に赤字で、したがって経常収支は大幅赤字を続ける。その結果、円相場に圧力がかかるが、当時の国際通貨体制である実質ドル本位固定相場制度（**ブレトンウッズ体制**）の下では、一ドル三六〇円という定められた相場を守らざるを得ず、外為市場への介入、すなわちドル売り円買いを行うことになる。それによってなけなしの外貨準備が枯渇《こかつ》し、政府が対米借り入れを余儀なくされる、といった場面が繰り返されたのです。

このように、インフレの防止と経常収支の均衡回復が当時の金融政策の主たる目的といっても過言ではなかったのですが、そのために、政策の力点はもっぱら引き締めにおかれていました。引き締めの反動で景気が悪化すると再び緩和政策に戻るといった、ストップ・アンド・ゴー政策が繰り返されていたのです。

護送船団方式

ところでこの時代の日本の金融制度を特色づけたのは、「箸の上げ下ろしに至るまで」と称せられた中央官庁(主管は当時の大蔵省銀行局と証券局)による規制でした。規制は、短期から長期に及ぶ国内金融取引全般――預金・貸出はもちろんのこと、債券・株式の発行・流通段階にまで及ぶ――さらには海外取引をもカバーするすべての事柄に及びました。とりわけ金利については、日本銀行の貸出金利である公定歩合を下限として狭い範囲の中で細かく決められた**金利体系**と称されるものができており、しばしば狭いところにひしめき合っている「四畳半金利」などと呼ばれていました。景気動向に応じて公定歩合を動かそうとすると、この体系全体の修正が必要になって、ちょっとした大事業になるのですが、政策委員会の決定事項であった大部分の金利とは異なって、郵貯金利だけは別の体系に属しており(大蔵省ではなく郵政省の管轄）、この間でしばしば摩擦が生じて金融政策の機動的な運営を妨げました。

日常の銀行業務についても細かい規制があり、まさにがんじがらめといった状態でした。こうした厳しい規制の網は、金融機関は一行たりともつぶさないという政府の大方針に沿ったものです。金融規制によって自由な競争を抑え、中小金融機関の経営を支えると同時に、効率化の進んだ大金融機関には特別の収益機会（超過利潤）を与える。そうした手立てを講ずることによって、金融システム全体の安定化を図り、高度成長に必要な資金の供給に齟齬《そご》を来さないようにする、というのが、当時の金融行政の目的の一つでした。

こうした体制は、しばしば**護送船団方式**と呼ばれています。大小さまざまな船が一団となって、もっとも遅い船の歩調に合わせて進んでいくというイメージです。金融機関は、多少の不自由を我慢しさえすれば、破綻などを心配する必要はなく、ある程度の利益は保証されているということで、まずは安泰に日々を送ることができました。金利が政策的に低く抑えられていたために、企業の投資活動が刺激され、経済規模が急テンポで拡大する原動力となりました。

対外的には厳しい為替管理が敷かれ、一ドル三六〇円の固定相場時代が続きました。一九七一年八月に、国際取引において米ドルの金交換を停止した、いわゆる**ニクソン・ショック**までのことです。高度成長期を通り過ぎた当時の日本の実力からするとかなり円安に設定されていたことになるのですが、そのために輸出産業は大いに潤い、経済が拡大する重要な要因の一つとなりました。

金利規制

こうした規制体制の下では、コールレート(第1章四一ページ参照)を政策金利としてこれを操作し、その影響が中長期金利や資産価格に、ひいては実体経済全般に及んでいくことをめざすといった、現在のような政策運営は夢物語に過ぎません。それでは、金融政策はどのように行われていたのでしょうか。

戦後復興・高度成長期は企業の設備投資活動が目覚ましく拡大した時代で、資金需要はきわめて高水準に達しました。しかしながら、金融資産の蓄積に乏しい状態の下では、企業の資金調達はほぼすべて銀行借入に頼らざるを得ませんでした。銀行自身にも金融資産の蓄積がありませんから、銀行が企業の資金需要に応ずる(貸出を増やす)ためには、どうしても、最後の貸し手である日銀が必要な準備を供給しなければなりません。すなわち、この時代の金融の流れは、「銀行が企業に向けて貸出を実行する↓その結果、企業の銀行預金が生み出される↓それに対して必要とされる法定準備(第1章四一ページ参照)は日銀がすでに供給している、ないしは供給することがあらかじめ約束されている」ということになります。準備の供給は、もっぱら銀行に対する日銀貸出という形をとりました。

公定歩合の変更は、規制金利体制下での各種の金利を動かすきっかけとなりました。公定歩合変更の基礎となったのは、さまざまなリスクについての総合的な判断ですが、それについての詳しい説明はありませんでした。市場関係者にとっては、公定歩合の変更は、外部から降ってくる、いわば神託《しんたく》のようなものだったと言えます。中央銀行はしばしば、「行動すれども説明せず」の組織であるとされ、奥まった「鎮守《ちんじゅ》の森」にたとえられたのですが、この時代の中央銀行のことを表現したものして、言い得て妙ということができます。

日銀の政策

全面的な金融規制の時代には、銀行の企業に対する貸出も銀行自身が自由に決めていたわけではありません。銀行は、貸出予定額を四半期ごとの自主的な計画という形で日銀に提出し、あらかじめ了解を得ておくことになっていました。実質的には日銀が決定するに等しかったわけですが、あくまでも銀行が主体となっているという建て前で、これを**窓口指導**と呼んでいました。

貸出には、量だけではなく質(内容、対象)にまで及ぶ指導がありました(不要不急資金の貸出自粛など)。この種の指導は基本的には銀行行政、すなわち大蔵省銀行局に属する仕事ですが、日銀も相当程度関与していました。戦後復興から高度成長期に至る時代、日銀総裁が「法王」などと呼ばれて絶大の権力をふるったと言われているのは、このように、準備の独占的な供給権をもつ日銀が、銀行だけではなく、企業に対しても金融面で生殺与奪《せいさつよだつ》のカギを握っていたからです。

規制体制下にあったとはいえ、公定歩合という政策金利の変更が他の金利を動かし、その影響が経済活動に及ぼす効果に期待するという意味で、当時の金融政策は、基本的には第1章で述べたケインジアン・アプローチに沿ったものであったということができます（四九ページ参照）。ただ、「日銀による準備の供給→銀行貸出の増加→それにともなう家計や企業の預金の増加」というプロセスだけをとってみると、これはマネタリスト・アプローチではないかと考える人が出てきても不思議ではありません。事実、一九七〇年代半ば以降から数年間の日本の金融統計を見ると、マネタリスト・アプローチが主張していること、つまり、マネタリーベースの増加→マネーサプライの増加→適度の経済成長と物価の上昇が相当程度実現しているかのように見えます。こうしたこともあって、当時、日銀をマネタリズムの優等生などと言う人もいました。

日銀の中でも、金融政策の運営指針として、一定のマネーサプライ（マネーストック）の伸びの実現を金融政策運営の中間目標とする**マネーサプライ・ターゲット**政策を採用してはどうかという意見が強まったことがありました。この時代、欧州諸国を中心にマネーサプライ・ターゲットが一つの流行であったということもその理由の一つでした(当時は、マネタリーベース・ターゲットよりはマネーサプライ・ターゲットが有力でした)。

しかし、この提案は結局採用されませんでした。主要中央銀行の中でマネーサプライ・ターゲットを採用しなかったのは日銀と米国のＦＲＢだったのですが、その理由は、マネタリストが言うような金融政策の波及過程の筋書きが理論的にいま一つ納得がいかなかったことと、前にヴォルカー議長時代の米国の例でも見たように(第1章五八ページ)、実務的にかなりの困難をともない、円滑な金融調節を行ううえで障害になる(市場撹乱的な金利の変動を招く)と考えられたためです。事実、マネーサプライ・ターゲットを採用した国々も、その後、しだいにこれに頼ることをやめてしまいました。マネタリーベースとマネーストックとの間の関係、マネーストックと経済成長率および物価上昇率との間に、マネタリストが言うような安定的な関係が見出せなくなったからです。

その原因はいろいろ考えられます。たとえば、産業構造の変化や取引の国際化などがその例ですが、決定的な要因は、金融の自由化、金融分野におけるイノベーション、つまり**金融革新**が進んで、金融取引、金融商品が多様化・複雑化し、以前のような(牧歌的な)通貨の概念に基づくマネタリストの枠組みでは律しきれない現象が数多く出てきたことにあります。もともと日本については、規制金利の下での旺盛な資金需要と、それを踏まえた日銀による準備の供給という特殊事情があったわけで、その意味で、この時代の日銀の金融政策をマネタリスト・アプローチだということにはそもそも無理があったのです(窓口指導による歪みということもあります)。

金融自由化の時代

規制によってガチガチに固められていた日本の金融制度は、経済が高度成長期を脱して成熟期に入るにともなって、しだいに変化していきます。その原動力となったのは、二つのコクサイ化と呼ばれた現象、すなわち大量の国債の発行と、日本経済の急速な国際化でした。財政赤字が続き、国債に埋もれた、とまで表現される経済において、国債の流通を厳しく規制し続けることは不可能で、自然に自由な債券市場取引が発達し、したがって金利の自由化が進展して、それが預金その他すべての金融商品に及んでいきました。

銀行業務についても、経営陣の自由な発想に委ねられる部分が飛躍的に増えました。日本経済のオープン化が進む過程で、金融のみが規制の枠に閉じこもっていることもまた不可能であって、為替管理が漸次《ぜんじ》廃止されるなど対外取引の自由化が進み、これまた国内における金利自由化を推し進める要因(外圧)になりました。

国際通貨制度面では、ニクソン・ショックの後、さまざまな経緯を経て、七〇年代前半には世界的に変動相場制度が定着していきました。一九八五年の**プラザ合意**、一九八七年の**ルーブル合意**(コラム参照)は、為替相場の変動が国内の景気や金融に大きな影響を及ぼすこと、主要国の金融政策の運営が、各国の為替相場に大きな影響を与えることを世界に強く印象づける出来事でした。

金融の自由化に対応して、金融政策の面でもさまざまな変化がありました。金利の自由化が進むにつれて、しだいに金利の持つ資金需要・供給調節機能が働くようになり、金融政策も金利中心の運営に移行していきます。銀行貸出についての窓口指導は、一九九一年という比較的早い段階で廃止されました。政策金利を操作目標とする政策運営の枠組みに移行したのは一九九五年、短期金融市場における金融調節の手段として、証券のオペレーションを主体とし、日銀貸出は補助的な手段となったのは一九九六年のことです。公定歩合という言葉は使われなくなりました。

こうした体制は二〇〇〇年代の初めまで続きましたが、その後、金融危機とデフレ現象の長期化という事態に直面して、それに対応するために、金融政策の運営態様は後に述べるようにさまざまに変化していきます。

コラム●プラザ合意とルーブル合意

一九七一年八月に米ドルと金との交換性がなくなった後も、何度か固定相場制度を復活しようという努力が続けられましたが、その甲斐もなく、結局、世界はその後数年のうちにほぼ完全な変動相場制度に移行することになりました（欧州主要国は、グループ内で相互間の固定相場を維持）。一九八〇年代の米国は、大幅な財政赤字とインフレに悩まされており、インフレ抑制のために高金利政策がとられましたが、その結果、外国資本が流入し、米ドル相場が上昇、この結果米国の貿易収支はさらに赤字幅を拡大するという、財政と貿易の「双子の赤字」に悩まされることになりました。

この局面を打開しようとして、一九八五年九月に米国のイニシャティブで開かれたのがニューヨークのプラザホテルにおける主要五カ国（G5）の会合です。そこで主要各国は、「行き過ぎた」米ドル相場を是正するため協調して外為市場へ介入する、マクロ政策面では米国は緊縮的、他国は拡張的な経済政策というように、それぞれ適切な措置を講ずる、という点で合意が成立し、翌日から外為市場への大規模な介入が始まりました。これが**プラザ合意**と呼ばれているものです。

この結果、米ドルに対する日本円、ドイツマルク、フランスフラン等の相場は急激に上昇（米ドル安）を続け、先行きについて不安が生ずるほどになったため、二年後の一九八七年二月、主要七カ国がパリのルーブルに集まり、為替相場がほぼ妥当な線にあることを確認することによって、これ以上の米ドル安(他通貨高)を防ぐ意思を明らかにしました。これが**ルーブル合意**です。

この間に日本円は一ドル二四〇円前後から一五〇円近くまで上昇しました。ちなみに、ニクソン・ショック前は一ドル三六〇円、その後一九七一年一二月の**スミソニアン合意**では一ドル三〇八円でした。こうした短期間における急激な円高は経済に大きな影響を与えるものであり、金融・財政当局は、プラザ合意での約束を守るという趣旨もあって、積極的な財政拡大、金融緩和措置を続けましたが、それが一九八〇年代後半の平成バブルの背景となったことは、次に本文で記すとおりです。

プラザ合意の「成功」は、為替相場は介入によって相当程度コントロールできるという認識を生みましたが、このときの介入は、主要国が足並みをそろえての大規模な協調介入であったこと、それを支えるマクロ経済政策の実行が約束されていたこと、などによって市場関係者の間に為替相場の先行きについての明確な方向感が生まれ、それが相場に反映されたという面が大きく、そうした背景なしで、一国が単に介入だけを行っても、その効果はきわめて限定的である、というのがこれまでの経験です。一国の経済政策の運営において、為替相場をある一定水準に維持したり、一定方向に動かそうという意図が余りに強すぎると、結局のところ国内経済に対して攪乱的な影響を及ぼしかねない、金融政策は、あくまでも国内経済の均衡を念頭に運営されるべきだ、ということも、プラザ合意から得られた教訓の一つです。

2　金融危機と金融政策

平成バブル

一九八〇年代半ばごろから日本で始まった株価や不動産価格のスパイラル的な上昇、広く**平成バブル**と呼ばれている現象は、一九八〇年代の終わりごろから一九九〇年代の初めにかけて「破裂」し、以後、これまたスパイラル的に下落していきました。

先のコラムでも述べたように、平成バブル発生の背景には、一九八五年のプラザ合意によって、円の対米ドル相場が大幅に上昇したことがあります。急速な円高がもたらす経済への悪影響を恐れた政府・日銀は、たびかさなる財政支出や金利の引き下げを行って、その影響を緩和すべく努力しました。しかし、それが必要以上に長引き、行き過ぎたことが、株式、不動産、ゴルフ会員権、美術品といった、全般的な資産価格バブルの発生につながったということについて識者の意見はほぼ一致しています。当時の日銀の三重野康総裁は、この当時の心境を、「乾いた薪の上に座っているような」と表現しましたが、バブルの発生を懸念しながらも、円高によって経済活動が悪影響を被ることのないように金融緩和を続けなければならない政策運営担当者の悩みをよく言い表しており、この点は、後で出てくる白川方明総裁時代の日銀の悩み（第4章一八二ページ）に通ずるところがあります。この間、消費者物価指数が比較的落ち着いた足取りをたどっていたことも、急激な金融引き締めを躊躇《ちゅうちょ》させる要因でした。

平成バブルの「破裂」は、企業の財務内容に大きな影響を与え、その活動を萎縮《いしゅく》させ、多くの場合、破綻につながる要因となりました。とりわけ、保有証券についての巨額な評価損・売却損の発生や、貸出先企業の破綻による返済困難ないしは回収不能債権（**不良債権**）の増加による金融機関の財務内容の悪化は著しく、中小金融機関を皮切りに経営破綻の事例が相次ぎ、それがやがて大金融機関にまで及んでいきました。日本経済を支える主要金融機関の経営の悪化が金融システム全体の動揺につながる恐れが出てきたことを踏まえ、政府は、一九九〇年代の後半から二〇〇〇年代の初めにかけて、税金を投入して、損失によって弱体化した金融機関の資本基盤を強化する**公的資金の注入**を含む数々の措置を講じました。

ゼロ金利政策と量的緩和

日銀も次々と政策金利を引き下げて、ついに実質ゼロにまで達したところで、その水準を当面維持することを決めました。一九九九年二月から二〇〇〇年八月までの、いわゆる**ゼロ金利政策**の時代です。このとき行った政策は、巨額の準備を供給した結果、短期市場金利がゼロに近づいた、二〇〇一年三月から二〇〇六年三月までの、いわゆる**量的緩和政策**の時代と外見的にはよく似ています。しかし、政策金利を意図的にゼロ近辺に維持するという政策と、準備をある一定水準にまで積み上げることを意図した政策をとり、その結果、短期市場金利がゼロ近辺で推移するということとは厳密に言えば異なります。

金融危機に直面した中央銀行がとるべき態度としては、一九世紀に『ロンドン・エコノミスト』誌の初代編集長であったウオルター・バジョットが、名著『ロンバード・ストリート』の中で述べた言葉「大いに貸出を行うべきである」が有名です。金融システムが動揺し、関係者すべてが先行きについての不安に苛《さいな》まれているときには、究極的な準備の供給能力を持つ、つまり、**最後の貸し手**(lender of last resort: LLR)として機能することができる唯一の組織である中央銀行が信用を供与することを躊躇してはならない。これが危機時の大原則であることについては、誰しも異論はありません。

バジョットはこのとき、「良質の担保があること、信用供与に際してはペナルティ金利を払わせること」を条件としていましたが、現代の中央銀行は、こうした条件が整わなくとも、金融システムの安定のために、大規模な貸出や証券の買入を実行するなど、果敢かつ敏速に行動すべきであるという点で一致しています。そのことは、中央銀行が損失を被るリスクを負うことを意味し、結局は国の財政赤字の拡大要因となるのですが、危機回避のためにはそんな悠長なことは言っていられない、という考え方です。平成バブル崩壊時の日銀、そしてサブプライム・バブルが崩壊したときの世界の中央銀行の対応は、まさにこうしたものでした。

3 デフレ対応策としての金融政策

「失われた」一〇年?

こうした措置を相次いで繰り出したことで、金融システム崩壊の危機は何とか回避できたのですが、その後遺症(過剰設備、過剰債務、余剰人員)はきわめて深刻で、このころから日本経済は、後に失われた一〇年、ないしは二〇年と称されることになるデフレ状態に陥っていきます。このことは、二〇〇七年後半に始まり、二〇〇八年秋口から年明けにかけてピークに達したサブプライム危機の後で、欧米諸国が多かれ少なかれ身をもって経験したことでしたが、日本は、いわばこの道の先駆者であったということになります。

なお、深刻ではあるが、金融危機とまでは言えない長期持続的なデフレに対して、中央銀行はどういう態度をとるべきかという問題は、緊急時対応とは性格が異なるものであり、この点は明確に区別して考える必要があります。長期的な観点に立ったデフレ対策としての金融政策に緊急対策的な措置が組み込まれると、メリットよりも副作用のほうが大きくなる可能性があるからです(第5章二〇六ページ参照)。

ところで、一九九九年当時、日銀がゼロ金利をいつまで続けるかについては、「デフレ懸念の払拭が展望できるまで」とされましたが、このことは、この後で議論する、デフレ対策としての金融政策の運営手法である時間軸(一〇八ページ参照)、およびそこから脱出する際に発生する問題(出口論)に関係します(第4章一九二ページ)ので、記憶しておいてください。

デフレとは何か

デフレ対応の金融政策を議論する前に、物事の順序として、デフレとは何か、デフレだとどういう問題があるのかを考えてみます。そのことは、デフレの逆であるインフレの問題点を探ることにもなります。

デフレ(deflation)についてはいろいろな定義があって、議論が混乱するのですが、大雑把に言うと、①物価と経済成長率がスパイラル的に下落していくことである、②物価と経済成長率の鈍化が長期にわたって続く状態である、③物価上昇率が長期間にわたりゼロないしはその前後(マイナスもあり得る)にとどまっている、という三つがあります。

いろいろ議論があったのですが、日本がデフレ状態にあることをなかなか認めなかった政府がついにそのことを認めた際に③を採用したために、今ではほぼそうした定義で統一されています。長期間とはどのくらいかについても議論があり、初めは二年程度という説が有力だったのですが、今ではそれほどはっきりした基準はないようです。ちなみに、①はデプレッション(depression 恐慌)ですが、②や③でも、悪くすると①になりかねないという問題があります。

デフレの問題点

デフレの問題点はすでに語りつくされている感がありますが、このことを考える際に一つ注意すべき点があるとすれば、ミクロとマクロの混同を避けるということです。ミクロの個人ないしは家計の観点から見れば、モノ・サービスの価格が低下するということは、同じ金額で手に入るモノ・サービスの量が増えることを意味しますから、実質的に豊かになったわけで、何の問題があろうか、ということで、一時は「良い物価下落」などという言葉が聞かれたことがありました。そこでは、賃金やボーナスで代表される**名目所得**が今後とも変わらないことが暗黙の前提となっています。

しかしながら、物価の下落とは、モノ・サービスの提供者にとっては収入・収益の減少であり、それに対しては、投資計画を圧縮するほか、人件費の切り詰め、すなわち賃金切り下げや、正規雇用から非正規雇用への転換、さらには解雇といった雇用調整で対応するなど、身を縮めることによって切り抜けようとするはずですから、マクロ的には成長率の低下、場合によってはマイナス成長にもなり得ます。デフレを喜んでいた個人や家計も、やがてはその影響を受け、名目所得が減少することになります。

デフレの長期化による個別企業の投資やイノベーション意欲の減退は、日本全体としての将来の**潜在成長力**（長期的に見て持続可能な実質成長率、ないしはそれを実現する力）の低下を意味するわけですが、それを予想した企業はさらに活動を圧縮しようとするでしょうから、現在の経済成長率も一段と低下していきます。失業率の上昇、失業期間の長期化は、せっかく築き上げてきた労働力の質を劣化させる要因（熟練技能のレベルの低下や世代間伝承の困難化など）であり、生産性が低下するという意味で、これまた潜在成長力を押し下げる要因となります。長期的な物価の下落という現象には良いも悪いもない、いつも「悪い」のです。

デフレはまた、債権者と債務者との間の関係を歪め、公平とは言いがたい所得の再分配を強制するという意味で、「悪い」ことと考えることができます。あらかじめ定められた金額の利子と元本の返済義務を負った債務者にとって、デフレは実質的な負担の増加を意味し、反対に債権者はその分だけ実質的に豊かになることを意味します。資金循環のところで見たように、債務超過部門は企業と政府ですから、デフレは企業活動を抑制し、財政ポジションを悪化させる要因ということになり、そのことが景気をさらに悪化させ、物価を一段と下落させる要因となります。これは、フィッシャーの**デット・オーバーハング理論**と呼ばれています。

日本で持続的な物価下落が続く一方で、海外である程度の物価上昇が続いているとすると、

第3章で取り上げる購買力平価説（一三二ページ参照）によれば、日本円の相対的な価値が上昇する、すなわち円高になるはずです。円高は、海外製品をこれまでよりも安く輸入できる、海外旅行費用が少なくて済む、という意味で、輸入産業や家計にとっては朗報ですが、輸出産業についてはそうはいきません。円高は輸出産業の収益を悪化させるのみならず、日本製品の国際競争力を失わせ、輸出の鈍化・輸入の増加、産業の空洞化を促進し、したがって貿易収支ひいては経常収支を悪化させる。ひいては日本経済全体を低成長に陥れる要因である、とされています。

こうした認識が正しいかどうかについてはもう少し冷静に見てみる必要がある、つまり、円高のデメリットのみが喧伝《けんでん》され、メリットを見ようとしない傾向があるのですが、少なくとも、日本経済の牽引力とされてきた輸出産業の足を引っぱる要因であることは確かであって、その点では円高は困るというのはその通りであろうと思われます。

インフレの問題点

インフレ（inflation）は、これまで述べてきたこととは逆で、その初期においては、年金生活者といった、当面は固定収入である人たちを除いて、全体的に高揚した気分が支配します。企業の収益は増加し、したがって株価も上昇し、生産活動は活発化して雇用も増え、賃金も上昇するはずです。投資や消費は活発化し、それがまた物価を押し上げる要因になります。金利も上昇しますから、預金者は以前より多い利子を享受することができます。海外よりも高い物価の上昇率は円安を誘い、そのことが輸出の促進、ひいては経済成長率の上昇に貢献します。

ということで、ミクロ的にもマクロ的にも言うことがないような状態がしばらく続くのですが、それは物価上昇率がある一定限度にとどまっている場合であって、いったんそれを超えて上昇し出すと、今まで隠れていた牙が見えてきます。インフレ心理にいったん火がつく……とめどもないテンポで物価が上昇する**インフレ・スパイラル**という現象は、人類がこれまで何度も経験してきたことでした。物価が賃金を超えて上昇を続けると、やがて需要は減退し、在庫が積み上がって生産が減少する、その結果、物価は(賃金も)むしろ低下していく、ということも起こります。これは、**インフレのデフレ効果**と呼ばれます。円安が輸入コストを上昇させ、輸入に依存する産業に打撃を与えるのみならず、資源エネルギー輸入価格の上昇が全体的なインフレの火に油を注ぐ可能性があることは言うまでもありません。

デフレのところで見たように、インフレも債権債務関係を歪める形で所得の再分配を強制します。デフレと違って、この場合は債権者が実質的に貧しくなり、債務者の負担が実質的に減少します。債権超部門である家計の犠牲で、債務超過部門である企業や政府が潤うという図式ですが、インフレによるこうした現象は、実質的には一種の増税の結果であると見ることができます（事実、**インフレ税**という言葉があります）。

ということで、金融政策がめざすべき物価の安定とは、インフレでもデフレでもない、「適度な」物価上昇率が実現しているときである、ということになりますが、それがどの程度なのか、どうすればそれを実現できるのか、実現したとしてもそれが勢いを増して、コントロール不能という事態になることはないのか、といった問題が出てきます。そうしたことを考えるのが、第4章で出てくるインフレターゲットの議論です（一六八ページ）。

価格と物価

ところで、経済学の教科書は、個別のモノ・サービスの価格（**相対価格**）と、全体としての物価（**一般物価**）とは厳密に区別して考えるべきであると教えています。ミクロとマクロを区別せよと言っている意味で、このことは正しいのですが、ただ、それが行き過ぎて、海外からの安い品物の流入はデフレの原因ではないという主張の根拠に使われたりすると、ちょっと頭をかしげたくなります。

理論的には、ある特定のモノ・サービスを安い価格で入手できるということ（相対価格の低下）は、他のモノ・サービスに対する需要を増やすはずで、そのモノ・サービスの価格は上昇し、したがって、全体として見た場合の物価水準（一般物価）は変わらない、と主張されます。

しかし、全体としての需要は常に一定である、需要の対象となるモノ・サービスの特性は無差別であり、需要のレベルはそれによって影響を受けない、という前提が現実に当てはまるかどうかという問題があります。

一般物価などというものは観念的な存在であって、現実にあるのは、さまざまなモノ・サービスの価格、すなわち相対価格であり、実際にはそれが、一般物価なるものの尺度とされているに過ぎないという事実は、デフレ問題を考える際に常に念頭においておく必要があります。

そのほかに、デフレがどの程度なのかを示す場合、それを、たとえば**消費者物価指数**で表すのか、それとも、同じく物価指数の一種である**GDPデフレーター**（八五ページ）というもので表すのかによって結果が違ってくることがある、という問題があるのですが、そのことについては後に取り上げます。

物価指数について

ところで、観念的にしか把握できない、理論上の存在である「一般物価」なるものを、現実の世界でどのように表すか、どのようにして測るのか、ということが問題になります。いろいろな物価統計シリーズがありますが、各国ともほぼ共通して重視しているのが、**消費者物価指数（ＣＰＩ）、ないしはそれに類似したシリーズ、**個人消費支出指数**（ＰＣＥ）などです。

消費者物価指数は、家計が日常消費する代表的なモノ・サービスをできるだけ集めて（一つのバスケットに入れる、という感覚）、それぞれの価格を、消費量でウエイトをつけて合計し、それをある基準時点を一〇〇として指数化したものです。これを**総合物価指数**（ヘッドライン）と呼びます。

消費者物価指数にはそのほかに、季節的に物価変動の激しい生鮮食品を除いたもの（コア）、それに、世界情勢などによってこれまた価格変動の激しい原油や天然ガスなどエネルギー関連品目などを除いたコア・コアなどという種類があります。一時的な要因を除くという趣旨はわかるとしても、あまりに例外を作っては恣意的になり過ぎ、物価指数としての価値が失われるという問題があることには気をつけなければなりません。日本ではコアが、米国ではコア・コアがよく使われています。

消費者の嗜好や消費行動は日々変化していきますから、ある一時点でのバスケットの中身を基準にして作られた、**ラスパイレス方式**による消費者物価指数は、時間の経過とともに当然歪みが生じてくるわけで、その調整も必要になります。日本では五年ごとに基準値の改定が行われていますが、それでは長すぎるということで、毎年バスケットの構成を頻繁に変えていく**パーシェ方式**による調整を行う方向で改善の努力が続けられています（**連鎖方式への移行**）。

価格が変わらないテレビや冷蔵庫でも、改良が加えられてより質の高いものとなっている場合には、そうした要素を考慮に入れるべきではないかという品質調整という問題もありますが、それを実際にどう行うかというのはなかなかむずかしい仕事です。個別品目指数を総合的な指数に統合する際に生ずる歪み、調査対象の変化（小売店などの頻繁な参入退出）といったことも、物価指数を見る際に念頭におくべきこととされています。

品質調整その他の技術的な要因から、一般に物価指数の上昇率は実際よりもやや高めに出る傾向があるということが指摘されています。これを物価指数のもつ**上方バイアス**と言います。つまり、物価指数で二％と出ても、実際には一％の上昇であったというようなことです。ただ、ひところ騒がれたこの傾向は、指数作成手法の改善が進んで、今ではあまり問題はなくなったとされています。

GDPデフレーターとは

ここで、やはり物価指数の一種である**GDPデフレーター**について述べておきます。GDP（国内総生産）は、ある一定期間に国内で生み出された新たな付加価値、すなわちモノ・サービスの総体ですが、それを合計する際にはどうしても共通の尺度である価格で表示する必要があります。このようにしてその時々の時価で表示されたものが**名目GDP**ですが、価格は言うまでもなく常時変化しますから、実質的にどの程度のモノ・サービスが生み出されたかを知るためには、価格の変化による影響を調整して考える必要があります。

統計技術面の詳しい説明は省きますが、基本的には、GDPを構成する各項目、具体的には、GDPを支出サイドから見た**GDE**(国内総支出)を構成する各項目、すなわち、消費・投資・輸出・輸入などごとにそれぞれ物価指数を作成したうえで、各項目ごとに名目値を実質値に転換し、それを合計して、全体としての**実質GDP**の値を得るという作業を行います。この実質値で名目値を割ったものがGDPデフレーターと呼ばれているもので、「名目GDP＝実質GDP×GDPデフレーター」という関係が成立します。これは近似的には、「名目GDPの成長率＝実質GDPの成長率＋GDPデフレーター」となります(図表2-1)。デフレートとは、物価の上昇で膨らんだ部分を調整して元に戻すというような意味です。

一般にデフレの尺度として用いられている消費者物価指数と、同じく物価指数ではあるが、消費者物価指数とは異なる手法で作られているGDPデフレーターの動きは当然違ってきます。それを表したのが図表2-2であって、ここでは消費者物価指数よりもGDPデフレーターの下落傾向がより顕著です。これには交易条件の悪化という要因が絡んでいるのですが、このことについては次のコラムを参照してください。したがって、GDPデフレーターのほうを重視する人は、消費者物価指数を見ている人に比べて、デフレはより深刻だという結論を下すことになりがちです。

ＧＤＰデフレーターの特殊な構造に起因するこうした見方の違いは、デフレに対してどのような政策をとるべきかを考える際に問題になります。必ずしも実態を反映しない尺度で、全体、

図表 2-1　名目・実質 GDP の成長率と GDP デフレーター
出典：内閣府の資料.

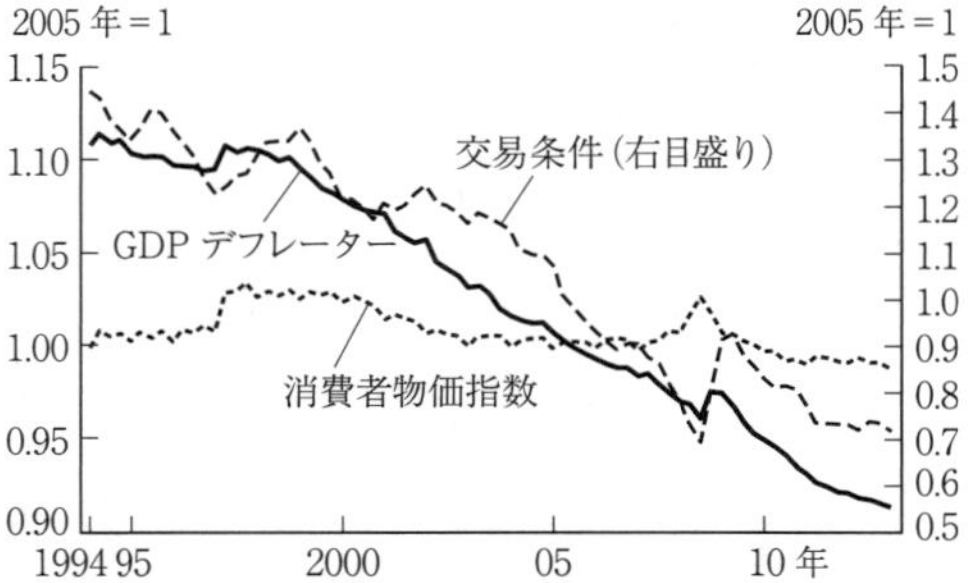

図表 2-2　消費者物価指数と GDP デフレーターの推移
出典：梅田雅信『超金融緩和のジレンマ』（東洋経済新報社，2013 年）所収グラフに加筆.

つまり実際の経済活動のレベルを推し量ることのないよう、物価指数とはどのようなものであるのかについて十分な知識を持つことが求められているわけで、その取り扱いには十分な注意が必要です。

コラム●GDPデフレーターと交易条件

国内で一定期間内に新たに生み出されたモノ・サービスの合計である国内総生産(GDP)は、国内での消費(C)と投資(I)、および輸出(X)にあてられますが、そのことを表すものが、GDPを支出面から見たGDE(国内総支出)です。これらはすべて「実物」概念ですが、それでは全体像が把握できないので、それらを市場価格で換算してあります(名目値)。ただ、ここでCとIの数字には、国内で生産されたモノ・サービスだけでなく、海外で生産され、輸入されたそれらが含まれていますから、その部分(M)は差し引かないとGDE=GDPになりません。すなわち、GDP=GDE=C+I+(X−M)という関係があることになります。(X−M)は国際収支統計でいうところの貿易・サービス収支です(すべて円建てに換算)。なお、CとIには、民間企業・家計のみならず政府等公的機関によるものも含まれています。

本文でも述べたように、GDPデフレーターを作成する際には、それを支出面から見たC、I、X、Mの各項目についてそれぞれのデフレーターを作成し、それを合成します。したがって、輸出価格の上昇はデフレーターの上昇要因、輸入価格の上昇は下落要因として働きます。

ところで、「輸出価格／輸入価格」は**交易条件**と呼ばれています。したがって、交易条件の改善はＧＤＰデフレーターの上昇要因、悪化は下落要因ということになります。日本の輸出の国際競争力が失われ、輸出価格の引き上げが困難であるどころか引き下げさえも余儀なくされる一方、資源・エネルギー価格の高騰があると輸入価格が上昇しますから、交易条件は悪化することになりますが、そのことはＧＤＰデフレーターを下げる要因です。輸出入価格の変化は消費者物価指数の動きに直結しているわけではありませんから、交易条件が悪化する時期にはＧＤＰデフレーターは消費者物価以上に低下するという現象が生じます（先の図表2-2）。なお、円相場の変化は輸出入価格の双方に現れるため、交易条件（輸出価格／輸入価格）を算出する際には相殺されて影響なしと考えます。

４　非伝統的金融政策

伝統的金融政策と非伝統的金融政策

以上でおおよその下地ができたところで、次に、本題であるデフレに対応するための金融政策の話に移ります。

第1章でも見たように（四九ページ）、伝統的金融政策（ケインジアン・アプローチ）は、金利の変化の影響が実体経済に及び、経済活動を活発化ないしは沈静化させることを通じて物価の安定を実現することをめざしています。しかしながら、デフレ状態が長引き、その悪影響が各所に現れているという現実を前にして、政策金利を連続的に引き下げて、ついには実質的にゼロにした（図表2-3）にもかかわらず、はかばかしい効果が見られず、むしろそのままだとデフレから進んでデプレッション（恐慌）に陥るかもしれないという懸念が生じた場合、金融政策としてはどう対応したらいいのか。これが、サブプライム危機以降、世界の中央銀行が頭を悩ましてきた問題です。

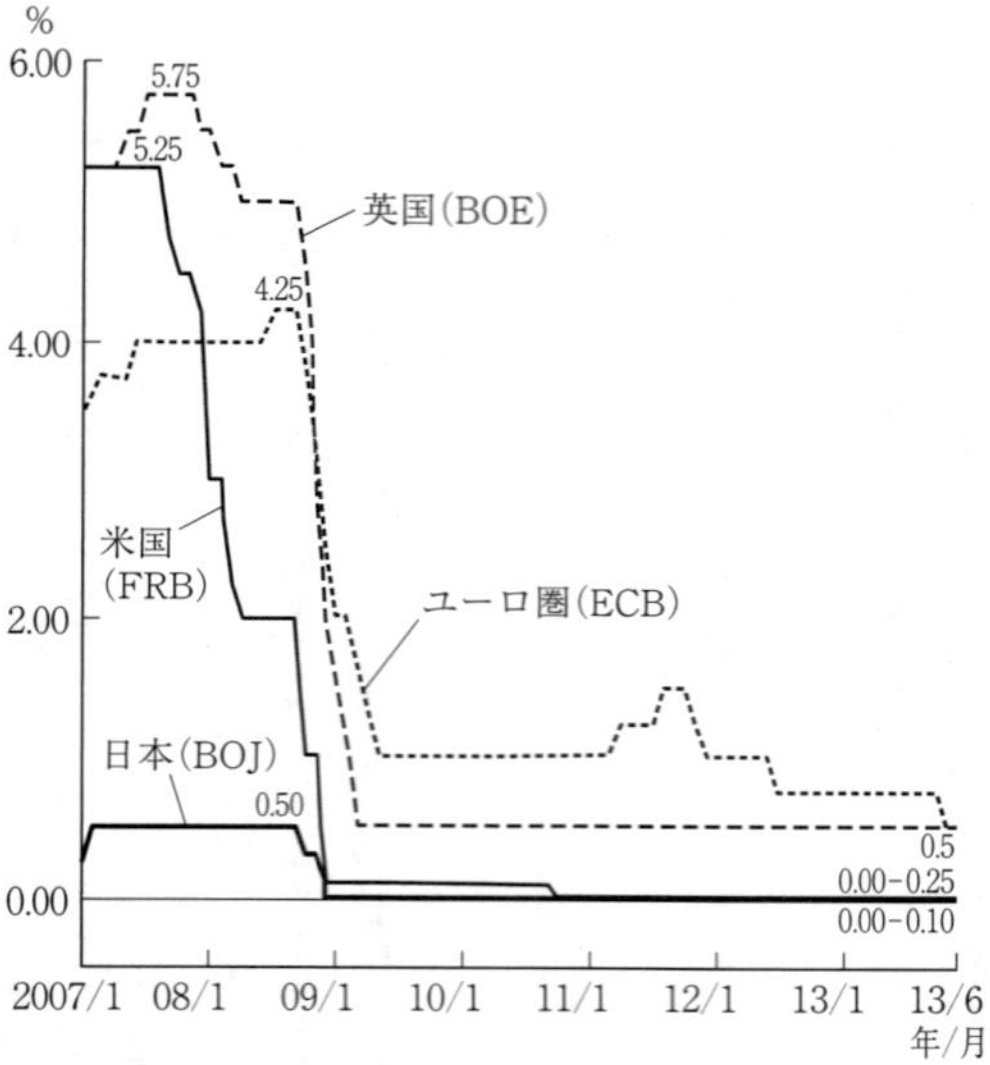

図表2-3　各国の中央銀行の政策金利の推移
出典：各国の中央銀行の資料.

この問題に対して、各国の中央銀行は試行錯誤的にいろいろな措置を講じてきました。従来の金利経由の伝統的金融政策の運営と対比して、これらを一括して**非伝統的(非正統的)金融政策**と称します。こうした呼称は今では時代遅れだといって嫌う人もいますが、ここではとりあえず広く受け入れられている言葉を使います。

これにはさまざまなものが含まれますが、ごく大雑把にまとめると、(A)中央銀行の資産内容を重視する政策、(B)中央銀行の負債規模を重視する政策、(C)銀行貸出を側面支援する政策、(D)中央銀行の意図を外部にできるだけ明確に伝え、それが一般の「期待」に働きかける効果を重視する、フォワード・ガイダンス政策、の四つに分類することができます。もちろん、この四つははっきりわけられるものではなく、相互に関連し合っており、事実、各国の中央銀行もこれらを組み合わせた政策運営を行っています。以下では、これらを、順を追って見ていくことにします。

非伝統的金融政策

(A) 中央銀行の資産内容を重視した政策措置

中央銀行は短期金融市場において、主として銀行を相手にして短期の証券の売り買いをすることで日々の金融調節を行っていますが、そうした日常業務の範囲を超えて、特定の資産、とりわけ中長期の債券を一定の計画の下に買い入れる、というのがこの政策です。

この政策措置はこれまで、緊急事態が生じてある証券に対する信用が失われ、その取引が極度に細った状態、つまり市場流動性が失われた際に発動されてきました。中央銀行が、最後の貸し手(lender of last resort)ならぬ最後の買い手(market maker of last resort)となって出動することによって、その証券の市場流動性が回復し、その効果が他の証券にも及んでいく、それを通じて金融システム全体としての機能が回復する、すなわちシステミック・リスクを回避するという効果を狙うものでした。しかし、緊急事態ではない、中長期的なデフレ対策としての買い入れの場合、その主たる目的は、その特定証券の利回りないしは**イールド・カーブ**(第1章三四ページ)を引き下げることにあります。

中央銀行のオペレーションの対象である証券のイールド・カーブの変化を眺めた投資家は、当然ほかの証券と比較して投資態度を変えていくはずですから、その影響は株式を含む他の証券へも波及していきます。金融機関の場合は、証券保有に代えて、それよりも相対的に有利になった貸出に資金を向けるかもしれません。こうした資産構成の変化は**ポートフォリオ・リバランス効果**と呼ばれ、その結果、中長期金利全体が低下に向かうことになります。短期金利はほぼゼロで、それ以上金利を引き下げることができないように見えても、中長期金利にはなお引き下げの余地があるということです。

第1章でも見たように(三四ページ)、長期金利は、将来に向けての予想短期金利の平均値に期間リスク・プレミアムを加えたものですから、中央銀行のオペレーションは、この期間リスク・プレミアムを引き下げることを狙ったものと言えます。イールド・カーブの傾きの低下と言ってもいいでしょう。中長期金利の低下は投資を刺激し、景気回復の支援材料になります。このように、この措置は伝統的な金利経由の金融政策の一変形と見ることもでき、これまで原則として短期市場に限っていたオペレーションの場を中長期市場にまで広げたところに新味があると言えそうです。

買い入れの対象としてまず考えられるのは、信用度や市場規模の点から見て中長期国債がもっとも望ましいことは明らかであり、事実、各国の中央銀行も大量に買い入れています。ただ、米国の連邦準備制度(FRB)は現在、中長期国債のほかに、**住宅貸付担保証券**(mortgage-backed securities: **MBS**)や**エージェンシー債**という証券をも買い入れ対象にしています。エージェンシーというのは、民間組織の形をとってはいるが実質的に政府系金融機関であって、それが発行する債券がエージェンシー債ですが、なかでも住宅金融公社二社(FNMAとFHLMC)が発行する債券が買い入れ対象になっています。

MBSは、民間金融機関(投資ファンドを含む)が住宅貸付資金を調達するために住宅ローンを担保として発行する債券であって、エージェンシーがこれに保証を与えることによって、信用度すなわち市場流動性を高めたものです。FRBがこれをオペレーションの対象としているのは、こうした民間住宅貸付担保証券の支払い不能から発生したサブプライム危機が、米国の住宅部門、ひいては経済全体を深刻な危機に陥れたという事情が背景にあります。もともとは緊急時対応ということであったのですが、崩壊に瀕した住宅部門の立て直し、それを通ずる経済活動全体の復活は、中長期的に見ても米国の大きな課題であり、FRBもその一翼を担うという趣旨が込められています。

なおFRBは、国債、エージェンシー債等のそれぞれについて、償還期が来た際には同額を買い入れて埋めることにしており、残高を減らさないようにしてきました。残高の減少が、緩和の終了や引き締めの開始と受け取られないようにとの配慮です。FRBはその後、二〇一三年六月に、景気の回復にともなって購入規模をしだいに縮小する方向を打ち出しましたが、このことについては第4章で触れます(一九四ページ参照)。

英国のBOEは、二〇一一年に資産買入基金(Asset Purchase Facility: APF)を設け、主として国債を買い入れています。

欧州のECBも、二〇一〇年五月以降、南欧諸国の国債などを買い入れ(Securities Market Purchases: SMP)、また二〇一二年九月には、加盟国の財政再建等を条件に、金額無制限の国債を買い入れることを行う用意がある旨の宣言を行いました(Outright Monetary Transactions: OMT)。ただ、これらにはユーロ圏の危機対応という性格が濃く出ており、これをもってデフレ対応というのは必ずしも正確ではありません。ECBは、二〇一一年と一二年に、期間三年程度の長期の資金供給(Long-Term Refinancing Operation: LTRO)を大規模に行いましたが、この措置も、金融機関経営の安定化を通じて、ユーロ圏の金融システムをより強固なものにすることを狙ったものと言えます。

日銀については、若干込み入った説明が必要です。というのは、日銀は、金融危機やデフレ対応が問題になる以前から、日常業務の一環として中長期国債の買い入れを行ってきたからです。このオペレーションは、経済成長にともなって必要となる銀行券需要に対応するためと説明されてきました。相手の銀行をグループわけして順番にオペレーションを行ったため、関係者間では**輪番オペ**と言われていました。通常の金融調節は、日々あるいは時々刻々生ずる資金の過不足をならすことが目的ですが、経済成長に応じて増加する銀行券は、短期金融市場の恒久的な資金不足要因となります(第1章四四ページ)。そこで、その分は日銀が長期の国債を買い入れることで埋めてやるという趣旨で行われてきたのが、このオペレーションです。

買い入れ枠については毎月の上限があり、したがって年間買い入れ額が決まっていました(二〇一三年四月までは月一・八兆円、年間二一・六兆円のペース)。この枠は固定されたものではなく、状況に応じて漸次増額されてきましたが、これが行き過ぎると、財政赤字をファイナンスしていると受け取られる恐れがあります（第4章一八七ページ参照）。そこで日銀は、保有する長期国債の残高を発行銀行券残高の範囲内に収めるという自主ルールを定め、これを守ってきました。これが**銀行券ルール**、あるいは**日銀券ルール**と呼ばれていたものです。

デフレ対応を目的とした白川総裁の金融政策については第4章で述べますが（一八〇ページ）、なかでも注目すべきは、二〇一〇年一〇月にとられた**包括的金融緩和措置**です。その内容は、政策金利を〇～〇・〇一％程度で推移するようにうながすとともに、**金融資産買入等基金**を設け、これまで日常業務として行っていた長期国債を買い入れるほかに、長期国債を含む多様な金融資産を買い入れていくというものです。そして、この基金が買い入れる長期国債については銀行券ルールの適用外とすることにしました。この制度が、あくまでもデフレ対応という、日常業務とは異なる次元の、いわば臨時異例の措置であることがその根拠とされました。なお、従来の政策金利についての指示は〇・一％前後ということであり、〇～〇・一％程度とは、日銀は今や実質ゼロ金利政策をとる用意があ

の推移

2013年1月22日 決定方針
2014年以降あらかじめ期限を定めず以下の内容で資産買入を行う
2014年中に基金残高は10兆円程度増加し，その後残高を維持 毎月2兆円程度 毎月10兆円程度 2013年末の残高を維持
25兆円程度の残高を維持
期限を定めず

図表 2-4　金融資産買入等基金

	2010 年 10 月 5 日	2012 年 12 月 20 日	2012 年 12 月末 買入残高
総　　額	35 兆円程度	101 兆円程度	67.1
資産の買入	5.0	76.0	40.2
長期国債	1.5	44.0	24.1
国庫短期証券 注	2.0	24.5	9.6
CP 等	0.5	2.2	2.1
社債等	0.5	3.2	2.9
ETF	0.45	2.1	1.5
J-REIT	0.05	0.13	0.11
固定金利オペ	30.0	25.0	26.9
増額完了の目途	2011 年 12 月末	2013 年 12 月末	

注：国庫短期証券は，一般会計や一部の特別会計が，数週間から数カ月という，ごく短期の資金繰りのために発行する国債．

出典：日本銀行の資料．

ることを意味しています。

ただ、基金による買い入れといっても、日常業務のそれとは基本的に異なることはなく、その結果は同一のバランスシート上に一括して記録されます。この基金は最初三五兆円の買入枠でスタートしましたが、何度も引き上げられて、最終的には一〇〇兆円を超えるまでになりました(図表2-4)。

日銀の金融資産買入等基金のオペレーションは、短期・中長期国債のほかに、ETF(上場株価指数投資信託証券)やJ-REIT(不動産投資信託証券)、CP(短期社債)、通常の社債といった純粋な民間債務をも買い入れている点に特徴があります。これらの市場規模はそれほど大きくなく、したがって、日銀のオペレーションの影響が大きく出て、市場の価格形成機能を歪める恐れがあるうえに、信用度も国債に比べれば低いリスク資産ですが、そこには、これら特定市場の取引を活発化させ、価格を引き上げることを通じてデフレ脱却を図ろうという意図があると思われます。ただ、中央銀行のオペレーションの基本的原則である「質には介入せず、量のみが関心事」に照らすとやや異例の政策と言えます。なお日銀は、過去二回ほど、銀行が保有する株式を買い入れたことがありますが、これは金融政策ではなく、銀行の資本基盤の強化を通じて金融システムの安定化を狙うものでした。

この基金は、黒田新体制の下で、通常のオペレーションとしての国債購入と統合されたのですが、このことについては第4章で触れます(一八六ページ)。

中長期国債については、満期までの残存期間がどの程度までを指すのかということが問題になりますが、中央銀行としては資産構成をできるだけ短期化しておきたいというのが伝統的な姿勢であって、少なくとも白川総裁時代までは期間を一~三年程度に抑える方針をとってきました。

(B) 中央銀行の負債の規模に注目した政策措置

中央銀行が銀行から中長期資産を買い入れると、資産サイドが膨らむと同時に負債サイド、具体的には銀行が中央銀行に持っている準備が増加しますが、これに注目するのがこの手法です。先の(A)と結果は似ていますが、その意図は異なります。一般に**量的緩和**(Quantitative Easing: **QE**)と呼ばれているのはこの手法です。

これに対して前に述べた(A)は、**信用緩和**(Credit Easing: **CE**)ないしは**資産の大量買い入れ**(Large-Scale Asset Purchase: **LSAP**)と呼ばれており、FRBは公式にはこうした言葉遣いをしています。バーナンキ議長がQEという言葉を避けているのは、第5章(二一三ページ)で述べる、マネタリスト・アプローチに潜む理論的・実践的な問題点を意識しているためであろうと思われますが、英国のBOEはむしろQEという言葉を用いており、このあたりに両行の意識の違いを見ることができます。通常の日常業務と変わらない手法で国債等を買い入れているFRBに対し、BOEは、日銀同様、特別の基金(APF)を設けて、それが買い入れる形をとっていますが、実質的には同じバランスシート上でのオペレーションだという点で違いはありません。

量的緩和の先駆者は、ここでも日銀です。日銀は二〇〇〇年八月に、それまで一年半ほどの間続けてきたゼロ金利政策を解除し、金利プラスの世界に戻りましたが、金融機関の破綻等により金融システムの動揺が続いている環境下で、経済は依然としてはかばかしい回復を見せず、再びデフレ懸念が強まってきました。このとき日銀がとったのが、日銀当座預金に目標値を定め、それを実現していくという方法です(二〇〇一年三月より)。当時、法定の積立義務は四兆円強に過ぎなかったのですが、日銀は、銀行から買い入れる証券の額を増やして、当座預金残高を、法定水準をはるかに上回る目標値にまで高める政策をとりました。

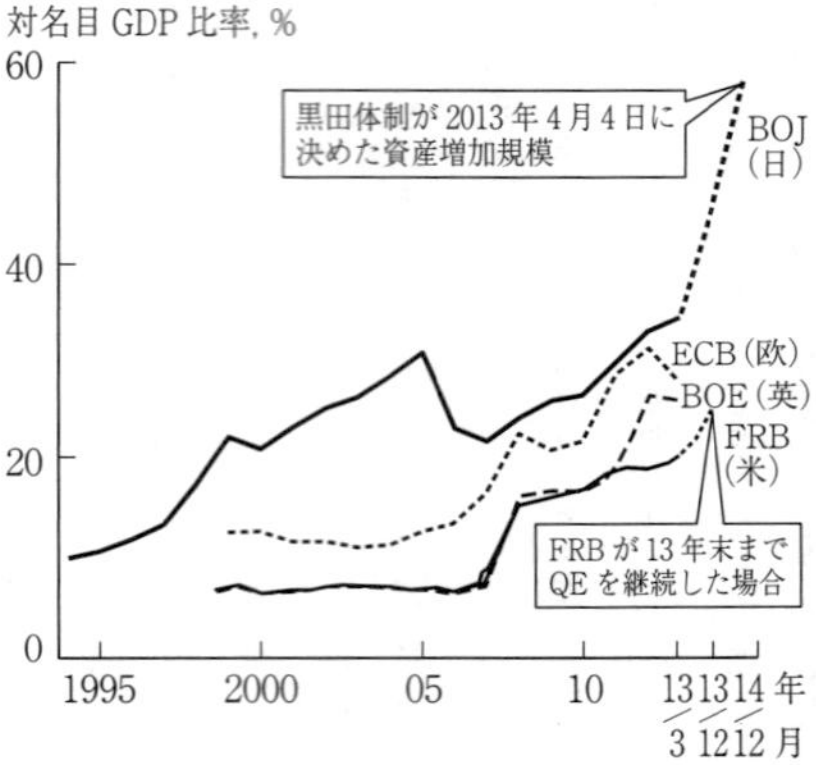

図表 2-5　各国の中央銀行の資産規模の推移
注：先行きの GDP は IMF，欧州委員会予想.
出典：東短リサーチ.

目標値は何度も引き上げられ、二〇〇四年の春にはついには三〇兆〜三五兆円にまで達しました。このとき日銀は、こうした政策を、「消費者物価指数の前年比上昇率が安定的にゼロ以上になるまで」続ける旨を宣言しましたが、これは(D)で述べるフォワード・ガイダンス(コミュニケーション戦略)に属します。

こうした政策を続けた結果、短期市場金利はほぼゼロに張り付きました。この政策は五年間続いた後、二〇〇六年三月に停止されました。以後、準備の水準はしだいに低下して、金利プラスの世界に戻りましたが、ゼロ金利の解除の際と同様、このタイミングでよかったのかどうかについては議論があり、人によっては、早過ぎた解除がその後もデフレが続く原因になったとしています。このことも、出口における政策運営のむずかしさを示しています。

これまで述べてきた政策措置の結果、各国の中央銀行のバランスシートはかつてなかったほどの膨張ぶりを示しています（図表2-5）。この図は、しばしば金融緩和の度合いを比較するのに用いられます。理論的に考えると、中央銀行のバランスシートの規模で金融緩和の度合いを測ることにどのような意味があるのかという問題があるのですが、そのことはさておき、日銀のバランスシートの相対的規模（名目ＧＤＰ対比）は、欧米に比べるともっとも大きい部類に属します。

もっとも、サブプライム危機（リーマンショック）前後の二〇〇七年ごろを起点とするグラフを書くと、各国の中央銀行のバランスシートの伸びは日本をかなり上回るものになります。これは、この危機によって欧米諸国の金融システムが大きく動揺し、中央銀行が緊急対応として多額の準備を供給しなければならなかったためで、その影響が比較的少なかった日本の準備供給が少ないのはある意味で当たり前といえます。しかしそうしたグラフはしばしば、日銀がデフレ対応に熱心ではなく、欧米諸国に後れを取っているという主張を裏付けるものとして提示されてきました。しかし、日本の金融緩和のレベルが他国に比べて劣っているどころか、もっとも緩和した状態にあるということは、マネタリーベースとマネーストックの規模を名目ＧＤＰとの対比で示した次ページの図表2-6がはっきりと示しています。

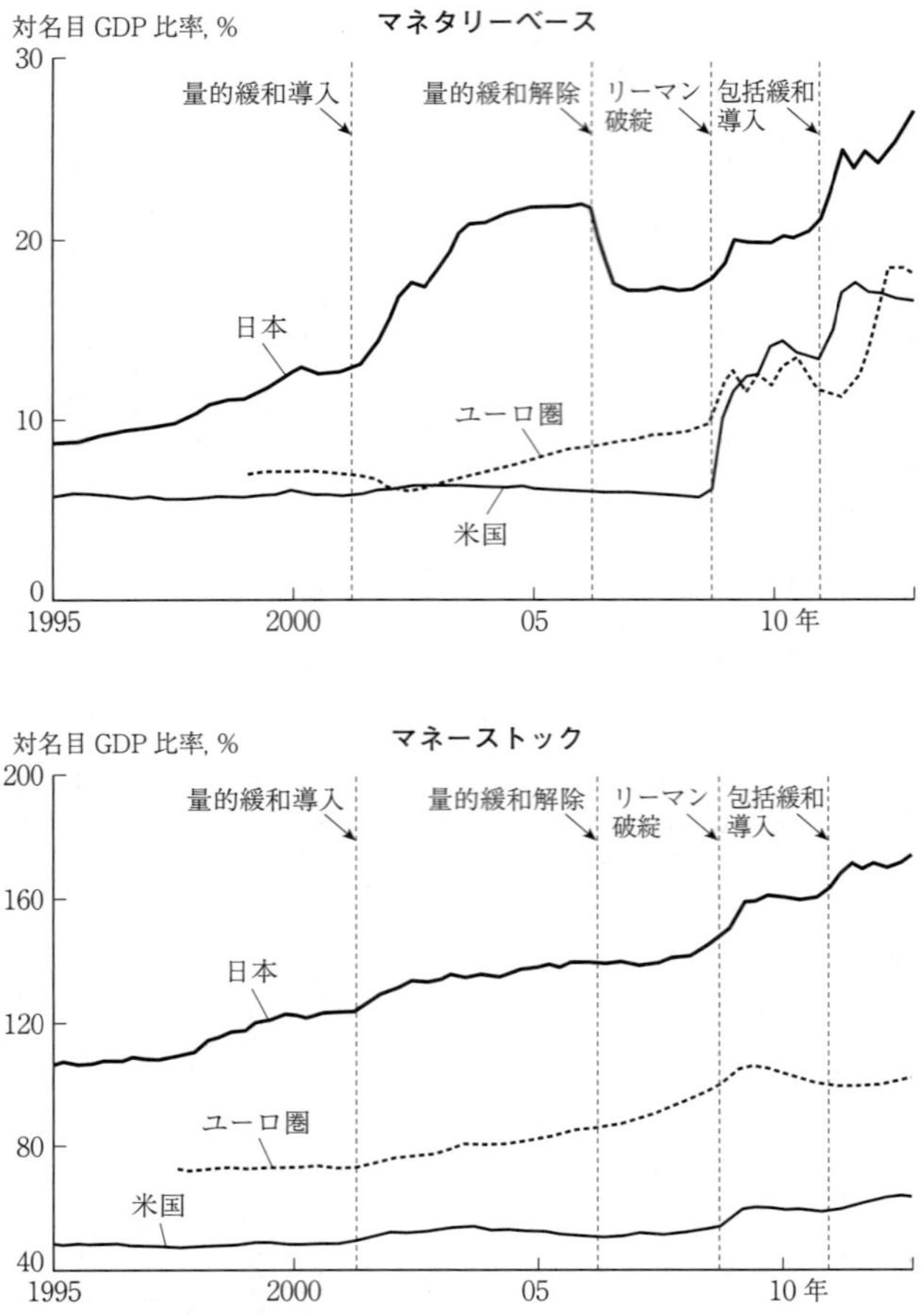

図表 2-6　主要国のマネタリーベースとマネーストックの規模

出典：日本銀行の資料.

量的緩和政策がもたらす問題点として指摘されているのは、潤沢に過ぎる準備が供給されるために、短期金融市場の金利がゼロに張り付き、そのために、短期資金の運用調達の場としての短期金融市場の機能が麻痺《まひ》する恐れがあることです。この現象は、以前、日本のゼロ金利時代、あるいは当座預金目標値時代にも見られました。マクロ的には、金利ゼロの世界が実現したのだからそれでいいのだ、とも言えますが、ミクロの観点からは、この市場で短期資金を調達できないと決済などに支障が出る金融機関(中小に多い)は困ったことになります。金融機関の間を仲介する短資業者にとっては、まったく商売ができないということで、「日銀は死んだのか?」というような言葉が流行ったこともありました。

第1章でも触れました(四三ページ)が、中央銀行の準備に金利を付けるというアイディアが出てきたのは、一つにはこの短期資金市場の機能を維持するという目的があります。日本の場合は、法定準備を超える残高に対して、政策金利の上限と同じ〇・一%という金利を付けています。これに対してFRBは、法定と余剰とを問わず同一水準(〇・二五%)で金利を付けています。ECBも準備に金利を付けてきましたが、二〇一二年七月にこれをゼロにしました。しかし、ユーロ危機という特殊事情から、いざという時のために当座預金の残高は引き続き高水準で維持されており、短期金融市場の機能が失われることはありませんでした。この、準備に金利を付けるというアイディアは、後に緩和から引き締め措置に移行する場面で重要な役割を果たすと考えられていますが、このことについては第4章で述べます(一九七ページ)。

(C) 銀行貸出支援策

準備をいくら増やしても銀行貸出に結びつかないという問題に対応して考えられたのが、銀行が貸出を行った際に、中央銀行が、その資金を銀行に対して政策金利で供給し(リファイナンス)、それによって貸出を支援するというアイディアです。この政策は、二〇一〇年四月に日銀が採用したもの(**成長基盤支援資金供給**)で、その貸出が経済成長の基盤強化に役立つものであることを条件にしました。ただし金額の上限があります。中央銀行が銀行へ資金供与を行う場合は、ヒモ無し、つまり銀行貸出の量は関心事であるが、質の問題には立ち入らない、というのがかねてからの原則とされてきたのであって、それに照らすと若干異質の制度ですが、デフレ脱却のためには生産性の向上による潜在成長率の引き上げが急務であるという日銀の強い意向を示すものと解釈することができます。その後、BOEも同様な制度(Funding for Lending Scheme: **FLS**)を採用しています。

日銀はさらに、二〇一二年一二月に、既存の制度の拡張版ともいえる貸出増加支援のための資金供与という制度を改めて導入しました。これは目的不問、長期、金額無制限で成長基盤強化支援制度と併存しています。ただ、金融機関が、ほぼゼロに近い金利で資金調達ができる環境の下で、日銀があらためて政策金利で資金を供給しても、どの程度の貸出促進策になるかという問題は残っています。

金融政策の透明性

(D) 中央銀行のコミュニケーション戦略(フォワード・ガイダンス)

先に金融規制下の金融政策について述べた際に、公定歩合の操作は神秘のヴェールに包まれた神託のようなものだと言いましたが、そうであったからこそ相当の権威を持っていたとも言えます。この時代の金融政策の有効性は、天から降ってくる神の声がもたらすサプライズ効果にあったと言ってもよいでしょう。

しかしながら、こうした傾向は一九九〇年代なかばから変化し始め、金融政策運営の透明性がしだいに増して、市場は、中央銀行がなぜそうした政策をとったのか、今後、政策はいつ、どのような方向に進むのかについて、相当程度予測することが可能となってきました。中央銀行にとって、そのように仕向けることが、金融政策の有効性を高めるうえでより効果的であるという考え方が、しだいに有力になってきたためです。

この点での先駆者は、やはり米国のＦＲＢですが、日銀も今やＦＲＢと肩を並べるほどの透明性を誇っています。毎月の金融政策委員会の決定会合の後、ただちに声明文が発表されるとともに総裁記者会見が開かれ、その後一カ月足らずで議事要旨が発表されます。毎月月報が出されて、経済金融情勢の現状分析が行われますが、四月と一〇月にはその拡大版ともいえる「経済・物価情勢の展望(展望リポート)」の発表があり、政策委員それぞれが持っている物価や成長率等についての先行き見通しが明らかにされます。七月と一月には中間レヴューもあります。

総裁はたびたび国会の予算委員会等へ参考人として出席し、新聞、雑誌、テレビ等でのインタビューの機会も多くあります。政策委員も各地で頻繁に講演活動を行っています。金融政策決定会合の詳細な議事録は一〇年後に公表されます。あまり期間が短すぎると、委員が自由に発言することの妨げになることを考慮してのことです。近年、一九九九年から二〇〇〇年初めにかけての議事録が公開され、たまたまゼロ金利政策の解除や量的緩和政策の始まりに関係したものであったために、大きな話題を呼びました。

こうした、金融政策の透明性向上に向けての日銀の努力にもかかわらず、日銀の考え方は必ずしも一般に浸透していないという声が少なくありません。その背景には、金融政策というものが庶民の日常生活からかけ離れたところで展開されているという一般の感覚があります。金融ないしは金融政策は本質的に複雑な構造を持っており、それを専門としていない人にとってはなかなかわかりにくいことは事実です。どのようにすれば、正確さを犠牲にすることなく、しかも平易な言葉で、みずからの政策のめざすところと、そのために講じられているさまざまな手段について説得力ある説明ができるか……これが、引き続き日銀に課せられた宿題となっています。当然のことながら、説得の対象は国政に直接タッチしている人々に及びます。

金融政策の透明性を高めることは、民主主義の原理から言って当然です。中央銀行は政府の一組織ではありませんが、国民から乖離した存在ではなく、国民に対して政策運営の責任を負っています。このことは**アカウンタビリティ**と表現されます。しばしば「説明責任」と訳されていますが、それだけではありません。

期待への働きかけ

ＦＲＢのところで見たように、透明性は金融政策の有効性という観点からも重要です。すでに何度も述べてきたように、金融政策は、先行きについての一般の「期待」に働きかけることを通じて経済全体に影響を及ぼしていきます。第4章で取り上げるインフレターゲットは（一六八ページ）、こうした中央銀行の意図を明確に示すという意味で、中央銀行の**コミュニケーション**、ないしは**フォワード・ガイダンス**手段の一つであり、錨《いかり》（アンカー）としての役割を果たすことが期待されています。

各国の中央銀行は、リーマンショック以降、日本の場合はもっと以前から、デフレ脱却のため、あるいはデフレに陥ることを避けるために、ゼロ金利という制約の下で超金融緩和状態を維持してきましたが、当面の関心は、中央銀行がいつまでこうした状態を続けるであろうか、いつ引き締めに転ずるかという点に集中しており、中央銀行自身もそのことに神経を使っています。

この点で注目されるのが、**時間軸効果**と呼ばれているものです。これは、ある時期まで、あるいは、ある状態になるまで金融緩和を続けることを約束するから安心して活動せよ、ということであって、これについての先駆者は、かつてゼロ金利政策をとっていた際(一九九九〜二〇〇〇年)の日銀の「物価の安定が展望できる情勢になったと判断できるまで」および、それに続く量的緩和政策(二〇〇一〜二〇〇六年)の「消費者物価指数の前年比上昇率が安定的にゼロ以上になるまで」という約束ないしは**コミットメント**でした。時間軸効果とは、もともと「物価上昇率が目標値に達してもただちに緩和政策を止めることはせず、しばらくは続けることをコミットする」という意味でしたが、現在ではより多義的に用いられています。

FRBもかねてから、超金融緩和をどこまで続けるかについてのメッセージの伝え方や言葉遣いに腐心しています。当初は「相当期間(for some time)」や「長期にわたり(for an extended period)」等の漠然とした言い方でしたが、その後、時期を明示する方法に変更し、その時期を次々と先へ伸ばしていきました。しかしながら、経済情勢の変化について触れずに、時期だけを明示するという方法が問題であることは明らかです。この点についての批判を意識したＦＲＢは、現在、「少なくとも失業率が六・五％以上で、インフレ率が二・五％以上にならない限り」現行程度の緩和状態を維持するとしています。この数字は**閾値**《いきち》(threshold)と呼ばれています。ＦＲＢが掲げている物価上昇率の長期的な「ゴール」は二％ですから、二・五％という閾値の設定は、一時的にゴールよりも若干上振れしたとしても金融緩和を継続するという強い意志を示したものと受け止められています。

失業率を掲げたことについては、ＦＲＢの使命として「物価の安定と最大限の雇用維持」が法律で定められていることに関係します。これは、ＦＲＢの「**二重の使命**(dual mandate)」と言われています。米国の**自然失業率**はおおむね六％前後ではないかとされていますので、六・五％というのは、失業率がそこまで下がるまで待っていては景気が過熱し、物価に影響が出てくるかもしれないという配慮の反映と読むことができます。自然失業率とは構造要因の存在等の理由でそれ以上の失業率低下はむずかしく、それをさらに引き下げようとすると物価が急上昇する可能性のある水準のことです。自然失業率はもう少し低いのでは、という説もあります。二〇一三年九月時点でのＦＯＭＣ各メンバーの長期失業率見通しは五・二～五・八％です。そうすれば、失業率と物価との間の相克《そうこく》は少し和らぐことになります。物価のことはそれほど心配せずに、失業率のさらなる改善をめざして超金融緩和を続けることができるからです。ちなみに、ＦＯＭＣメンバーは、二〇一三年九月の時点で、長期的に見た場合の米国の成長率を二・二〜二・五％と見ており、これが、彼らが現時点で考えている米国の潜在成長率であると受け止めることができます。

この閾値については、ＦＲＢは物価上昇率と失業率について目標値を設定したと受け止める向きが多いのですが、厳密に言えば、そのレベルまでは超金融緩和状態を維持するということと、そのレベル達成のためにさまざまな措置を講ずるというのでは、微妙な違いがあることに留意する必要があります。また、これは、その数値に達したからといって、ただちに引き締め（政策金利引き上げ）が始まるという意味でもありません。バーナンキ議長はしばしば、「これは"threshold"であって、"trigger"ではない」と言っていますが、こうした慎重な言い回しは、ＦＲＢが、物価上昇率の"goal"と言って"target"とは言っていないことに通ずるものがあります。

ＦＲＢが特定の失業率を掲げることについては（ターゲットと言っていないとはいえ）議論があります。物価に比べて金融以外の要素によって影響されることがはるかに大きい失業率に、金融政策としてどの程度責任をとれるかという問題があるからです。もともと、一九九七年の法律（Full Employment and Balanced Growth Act　通称 Humphry=Hawkins 法）で雇用の拡大をＦＲＢの使命（mandate）として加えた際には、当時のヴォルカー議長は反対していましたし、議会筋でも問題視する声があります。ＦＲＢが雇用確保に神経を使って、その本来の使命である物価安定をおろそかにするのではないかという疑念を持つ議員がいるからです。昨今、日銀法改正論者のなかには、特定の失業率の達成を金融政策の目標とすべきだと主張している人もいますが、米国での議論は、この点参考になります。

ＦＲＢはさらに進んで、四半期ごとに発表される経済情勢見通し(Survey of Economic Projections: SEP)とともに、一九人のＦＯＭＣメンバーのそれぞれが、政策金利の引き上げ時期をいつごろと見ているかということと、その年の末における政策金利の水準をどう見ているかについての見通しをグラフの形で公表しています。たとえば、二〇一三年九月に発表された見通しでは、政策金利の引き上げは二〇一五年ではないかと予測しているメンバーが、一九人中一二人いることが示されており、経済情勢に大きな変化がない限り、少なくともそれまでは現状の金融緩和が継続する、と読むことができます。同年末の金利水準は一％前後と見るのが大勢です。まさに、「ここまでやるか」という感じですが、これによって、国民が、政策金利の引き上げはかなり先の話だ、というような印象を持てば、金融緩和メッセージの伝達、コミュニケーション戦略としては成果があった、ということになります。

ＢＯＥは、二〇一三年七月の金融政策委員会(ＭＰＣ)の会合で、閾値の設定について議論するよう、財務相から公開書簡による要請があったことを明らかにしましたが、八月のＭＰＣではこれを受けて、次のようなフォワード・ガイダンスを発表しました。

「少なくとも失業率が七%に低下するまでは、政策金利であるバンク・レートを現状レベル(〇・五%)に維持する(四〜六月の失業率は七・八%)。資産買入基金(APF)については、失業率が七%以上で、さらなる緩和が必要とされれば、上限金額(現在三七五〇億ポンド)を引き上げる用意がある。ただし、以上は、先行き一八〜二四カ月の物価上昇率が、二%のターゲットを〇・五%以上上回ることはなく、かつ、今後予想される物価上昇率が十分に安定的であることを前提としている」。

このMPC会合は、BOEの総裁キングの退任にともない、外部から公募で選ばれたカーニー総裁(前カナダ銀行総裁)の初会合として注目されていたもので、これによってBOEも、部分的ながらFRBの閾値方式を採用したことになります。BOEは、MPC後の記者会見を行わないなど、FRBに比べれば、コミュニケーション戦略については若干慎重な姿勢と受け止められていましたが、それがここへきて変化しつつあり、フォワード・ガイダンス戦略に一段と重点を移しつつあるとの印象です。

ECBは、先行き打つ手を縛られるのを嫌って、伝統的にコミュニケーション戦略については否定的でしたが、FRBあるいはBOEの動きを眺めて、このところ微妙に変化の兆しを見せています。二〇一三年七月初めに発表された声明文では、金融緩和を「必要な限り長く(for as long as necessary)」とか、「相当の期間にわたって(for an extended period)」続ける、というような、これまで避けてきた文言を使っていることが注目を浴びました。ドラッギ総裁は記者会見で、ECBにとっては出口はまだはるか先の話だとし、金融緩和がなお先も続くことを強調していました。現在〇・五%である政策金利のさらなる引き下げの可能性も否定されていません。

コミュニケーション戦略の問題点

こうした細部にわたる微妙な文言をめぐって苦心する中央銀行のコミュニケーション戦略については、しかしながら大きな疑問も呈せられています。中央銀行が持っている真の意図がこうした形で正確に伝わるのであろうかという問題です。たとえ真の意図が反映された文言であっても、メディアがそれを伝える過程で歪《ゆが》められてしまう可能性は常に存在します。歪みは知識不足から来るかもしれませんし、悪意が込められているのかもしれません。「期待に働きかける」と言うのはやさしいのですが、そのことは世論操作と紙一重です。

十分な知識を持たない国民が、こうして歪められた情報に踊らされて、全体として誤った方向に雪崩《なだれ》を打った結果、大きな悲劇に見舞われたという経験は、過去の日本の歴史においてたびたび繰り返されてきました。同様の例は欧米でも少なくありません。やはり、国民が正確な知識を持ち、冷静な判断を下せるような環境づくりが必要であって、そのためには、中央銀行の情報発信能力の向上努力が不可欠ですが、同時にメディアが果たすべき役割は大きいと思われます。

なお、言うまでもないことですが、コミュニケーション戦略の有効性は、国民がそれを信ずるかどうかにかかっています。国民が中央銀行に十分の信頼を寄せていない場合、中央銀行がどのようなメッセージを発信しても受け入れてはもらえないでしょう。

時間軸効果を狙ったコミットメントについては、ゼロ金利をいつまでも続けるかのようなメッセージは、かえって経済を低成長・低物価上昇率の状態に安住させてしまうという、**複数均衡論**からの批判があります(コラム参照)。ただ、より重要かつ深刻な問題は、目標が達成された、あるいは達成の目途がついた段階で、いつ、どのようにして緩和政策を止めるべきかという問題です。この微妙な段階での政策変更は、中央銀行に対する信認に傷をつける可能性を含んでおり、市場を混乱させる要因になるからです。これは、経済学で**時間不整合**(time-inconsistency)と呼ばれている問題です。いかにして信認に傷をつけることなく、すなわち市場に無用な混乱を生じさせることなく政策変更を行うことができるかは、第4章で述べる出口段階での重要な課題となります(一九二ページ参照)。

コラム●複数均衡論

左の図は、フィッシャー方程式とテイラー・ルールを実際の経済にあてはめてプロットしたものです。テイラー・ルールは、現実の物価上昇率をターゲットに近づけ、かつ需給ギャップを解消するにはどの程度の政策金利とするのが適当かを示す式(第1章五〇ページ)、フィッシャー方程式は、名目金利は実質金利に期待物価上昇率を加えたものであることを示す式です。両方とも右上がり曲線ですが、その形状が異なり、二〇〇〇年以降一〇年間の実際の数値をあてはめると、図のように二つの交点が生じます。

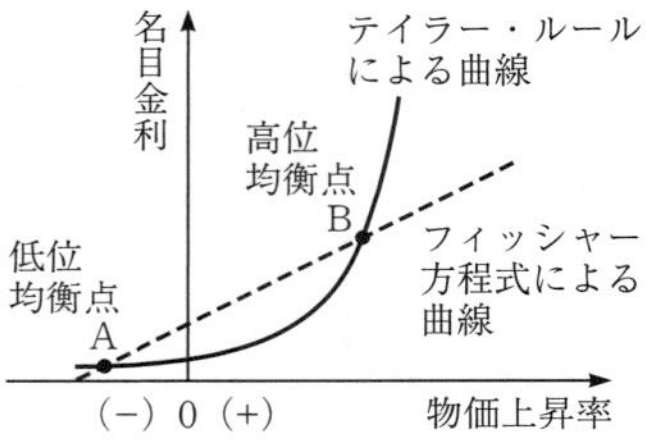

一部の経済学者は、経済には、低成長(低水準の雇用)とゼロ近辺の低物価上昇率が併存する状態と、ある程度高い成長率・物価上昇率が併存する状態との二つの均衡点があるという理論を唱えています(複数均衡論)。もしこの理論が正しければ、金利を長期にわたってゼロ近辺に維持するというコミットメントは、かえってデフレを長引かせるという結果をもたらすことになります。

このことを裏返すと、現状から見て高すぎると思われる物価上昇率――そのことは、それを若干上回る金利水準を意味します――の実現にコミットすることは、低位均衡から高位均衡へのジャンプをうながすという意味で、人心一新、いわゆるレジーム・チェンジを可能にする政策であるということができるかもしれません。もちろんこのことは、その間に起きるさまざまな出来事、とりわけ、金利の乱高下が経済に攪乱的な影響を与えることを考慮していないという点に留意する必要があります。

第3章

金融政策と財政・為替政策

1　財政政策との関わりあい

国債について

これまで、金融政策の運営についてかなりくわしい話をしてきましたので、このあたりで少し視点を変えて、金融政策と財政政策とがどういう関係にあるのかを見ていきたいと思います。紙数の関係で、財政自体にかかわる諸問題はその分野の入門書に譲り、以下、もっぱら金融政策に直接関係する事柄に絞って考えてみます。

政府はさまざまな形で国民に対し公共(行政)サービスを提供していますが、これを総称して**公共財**と言います。ここで政府とは、永田町や霞が関に集中している中央政府だけではなく、都道府県市区町村に至る地方政府をも含みます。公共財には、防衛、治安、消防、国道などといった**純粋公共財**と、教育や医療などの**準公共財**とがありますが、程度の差はあれ、そこではいわゆる「市場原理」は通用せず、政府が対価を求めないで提供するという「出し切り、払い切り」、国民の側から見れば「もらい切り」の要素が含まれています。

政府による公共財の提供には、当然費用がかかります。よく**国庫**という言葉を目にしますが、政府がどこかにカネの詰まった金庫を持っているわけではありませんから、どうしても何らかの方法で資金を調達する必要があります。その方法の一つが国民から集める税金ですが、いま一つは借金、すなわち**公債**の発行です。公債は、地方政府やその他の公的機関が発行する分も含む広い概念ですが、簡単化のため、以下、**国債**に絞ります。借金である以上、そこには「貸し借り」の要素、すなわち金融の世界が入り込んでいます。一見別の世界に属するかに見えた財政政策と金融政策との関係が複雑化し、その境界が曖昧になる原因がここにあります。

そこで以下では、国債に関する問題を考えるうえで必要な基礎知識を若干仕入れておくことにします。国債も市場で売買され、転々流通する金融商品の一種ですが、「債券」という紙があるわけではなく、ペーパーレスの世界であることは他の商品と変わりません。

財政法では、国の歳出は、原則として国債・借入金以外の歳入をもって賄うこと、となっています。これを、**国債不発行の原則**と言います。しかし、公共事業費、出資金、貸付金の財源に充《あ》てる場合はこの限りではないとして、ここで国債の発行を認めています(財政法第四条)。これがいわゆる**建設国債の原則**と呼ばれているものです。それが認められるのは、消費的・経常的な支出を賄うためのものではなく、長期的に見て国の資産を形成するものであるからというのがその理由であって、公共事業の範囲は毎年度の予算総則で定められています。ただ、建設国債の発行をもってしてもなお財源が不足する場合には、年度ごとに国会の審議を経た特別の法律によって国債を発行することができます。これが**特例国債**、通称**赤字国債**と呼ばれてい

図表 3-1　国債の発行状況(発行計画)

(単位：兆円)

区　分	2012 年度(当初)	2012 年度(補正後)	2013 年度(当初)
建設・特例国債	44.2	49.5	42.9
年金特別国債	—	2.6	2.6
一般会計分　計	44.2	52.0	45.5
復興債	2.7	2.4	1.9
財投債 注	15.0	15.0	11.0
借換債	112.3	111.1	112.2
国債発行総額	174.2	180.5	170.5

注：財投債は，財政投融資特別会計が，政府系金融機関その他，ひろく財投機関と称される組織に対する投融資資金を調達するために発行する国債.

出典：財務省の資料.

るものです(図表3-1)。

国債発行に関するもう一つの基本原則は、国債の日銀引き受け、すなわち直接買い取りの禁止であって、これを**市中引き受けの原則**と言います(財政法第五条)。言うまでもなく、過去にそうしたことが行われた結果、激しいインフレが起こって国民生活が大混乱に陥ったことが背景にあります。このことは、日本のみならず全世界に共通する歴史的記憶となっており、各国とも、国債を中央銀行が引き受けることは完全なタブーになっています。なお、日銀による国庫短期証券の引き受けは禁止されていませんが、これはごく一時的な資金繰りに対応するものであって、しかも日銀引き受け分は可及的速やかに償還するという合意ができており、とくに問題は生じていません。

国債と日本銀行

ところで財政法は、特別の事由がある場合、日銀は国会の議決の範囲内で国債を引き受けることができるとしており（第五条）、先に述べたことと矛盾するように見えるのですが、これは、日銀がすでに保有している国債のうち、満期が来た分を、現金償還を受けずに他の国債（借換債）に乗り換えるのを認める趣旨であるとされています。一部の人は、この条文を根拠に日銀に国債引き受けを強制できるとしていますが、そうした解釈は一般には認められていません。借換債の引き受け限度は予算に盛り込まれており、したがって国会の議決を経ています。

　こうして見ると、日銀は原則として国債を持ってはいけないと言われているかのような印象を受けるのですが、実際には相当多額の国債を保有しています（図表3-2）。第1章で見たように

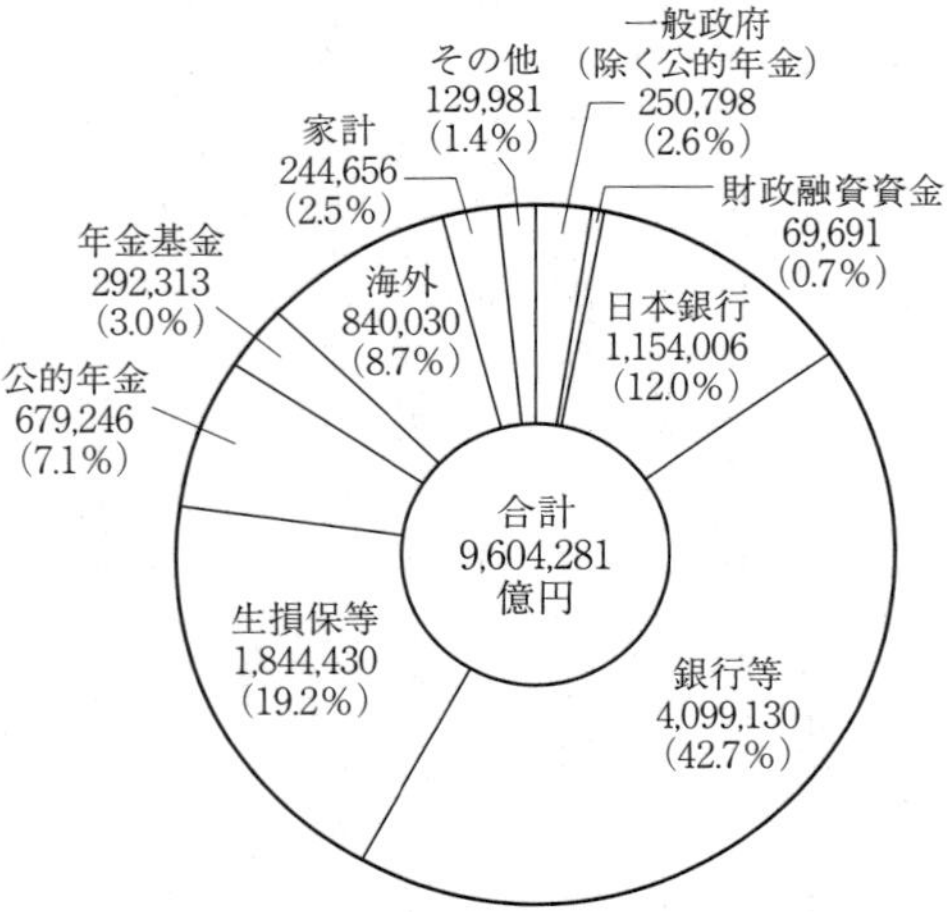

（2012年12月末時点）

図表3-2　国債の保有者別保有構造
出典：財務省の資料.

（四五ページ）、日銀は、金融市場の調節目的で各種の証券を民間金融機関から買い入れており、国債もまた、やや長めの資金供給手段として利用されてきました。そして、その時点で準備を増加させるという意味では、国債の日銀引き受けと、日銀による国債の市中買い入れとの間では、その効果に違いはありません。違いがあるとすれば、市中買い入れの場合は即時に銀行の準備が増加する（見方を変えると、銀行が国債を買い入れた段階で減少した準備がまた元に戻る）のに対して、日銀引き受けの場合は、政府がそれで調達した資金を支出した段階で新たに準備が増加するということです。

ただ、金融調節手段としての国債買い入れは、日銀が金融市場の動向をにらみながらその規模やタイミングを決めているのであって、日銀引き受けのように、有無を言わさず、時期を問わず相当量の買い入れを強制されるといった性質のものではありません。しかも、第2章で述べたように（九六ページ）、これまでは**銀行券（日銀券）ルール**という縛りを自主的にかけてきました。

もっとも、銀行券ルールを理論的に跡づけることは率直に言って困難です。経済成長にともなって生ずる銀行券の増発（それは、銀行の恒常的な準備不足要因です）には、長期資産の買い入れで対応するのが筋であるとか、日銀券という日本の通貨の価値を維持するためには、もっとも高い信用力を持つ資産、すなわち国債をその裏付けとして持たなければならない、とかいうことが言われたこともありましたが、いずれも十分な説得力がありません。

一般に、長期債で金融調節を行おうとすると、短期債の場合と比べて市場の攪乱要因になる度合いが大きく、そのために、必要以上の長期資産は持ちたくない、という気持ちが日銀にあったことは事実です。銀行券の発行残高は比較的安定しており、長期国債の保有額がそれに見合っている限り、金融調節上それほど大きな問題は起こりません。しかし、そういった調節技術上の理由では対外的に納得を得ることは困難です。ということで、銀行券ルールの意義はやはり、日銀としては、野放図な財政赤字を助長する意思はないという、自己規律の表現・決意の表明であったと考えるべきでしょう。

ところで、二〇一〇年一〇月からの**包括的金融緩和措置**では、通常のオペレーションとは別に一種の基金を設け（**金融資産買入等基金**）、長期国債を含む各種の金融資産を買い入れてきました（第2章九六ページ）。そして、基金が保有している長期国債は銀行券ルールの適用外とされました。基金の設立は、デフレ下で円相場が急伸するという特殊な状況に対応するための緊急措置的な色彩を帯びた政策であって、事態が正常に戻れば速やかに通常のルールに戻ることが当然という認識だったのです。ただ、いったん例外を作ると、それがきっかけになってズルズルとルールが崩れてしまうのではないかという反対意見はありました。この銀行券ルールは、黒田体制になってから一時停止されています。

国債の発行と基礎的収支

家計の場合もそうですが、財政についても、支出が税収の範囲内に収まっていて、しかも適度な財政活動が継続されているという状態が望ましいことは言うまでもありません。ただ、現在は収支が赤字でも、現時点での支出が直接もしくは間接的に将来の経済発展に寄与するものであり、それがいずれは税収の増大につながって、収支のギャップが縮小することが見込まれるということであるならば、当面の赤字を容認することはできます。この間のギャップは借入（国債の発行）でしのぎます。

財政状況の累積的な悪化を食い止め、財政の健全性・持続性を維持するためにはどのような条件が満たされなければならないか……これが、**プライマリー・バランス（基礎的収支）**の均衡条件と言われているものです。

中央政府の財政は、歳入サイドが、税収と国債発行で得られる公債金収入から成り立っています。一方、歳出サイドには、社会保障費や公共事業、地方交付税交付金その他の項目がありますが、その中でも、全体の四分の一を占めるのが、過去に発行された国債元利払いに備える項目である国債費です。通常の財政収支は、歳入マイナス歳出で計算されますが、基礎的収支の均衡は次の式で表されます。

（歳入総額－公債金収入）と（歳出総額－国債費）の差額＝ゼロ

これは要するに、「国債費（国債の償還元本および利息の支払い）を賄うための国債の発行は認めるが、国債費以外の歳出は税収で賄うべし」と言っているのに等しいのであって、当たり前のことと言えなくもありません。しかし、これがいかにむずかしいかは、現在日本のプライマリー・バランスの赤字が二二・三兆円、GDPの四・六％に達している（二〇一二年度予算）ことからもうかがえます。

政府はかねてから、二〇一五年度のプライマリー・バランスの赤字を、二〇一〇年度当時の名目GDP対比六・七％の半分にする、そして、二〇二〇年度には赤字をゼロにする、と宣言してきました。しかし、二〇一二年九月に発表された政府試算によると、消費税率を現在の五％から一〇％に引き上げた場合、二〇一五年度の目標は何とか達成できる（名目GDP対比三・二％）としても、二〇二〇年度にはなお赤字が残る（同二・八％）という結果になっており、この問題の困難さを物語っています。試算の前提となった実体経済の先行きについてのシナリオ、たとえば名目GDPの成長率（名目成長率）の見通しが現実的なものかどうかという問題もあります。

プライマリー・バランスについて注意すべきことは、このバランスがとれているからといって国債残高が減少するわけではなく、むしろ、国債費のうちの利払いにあてる分だけ少しずつ増加するという点です。したがって、国債残高の増加を止めるためにはプライマリー・バランスが均衡しているだけでは不十分で、若干の黒字を出している必要があります。しかもそれだけではなく、財政の持続性を保つためには、名目GDPに対する債務残高の比率が一定の範囲内に収まることが必要であるとされています。より望ましいのは、この比率を安定的に低下させていくことですが、そのためには、名目成長率が長期金利を上回っている必要があります。名目成長率は税収に関係し、長期金利は利払い負担の面で債務残高の増加に関係するからです。

長期金利が名目成長率を上回る状態が長く続くと、歳出の**国債費比率**（国債費／歳出総額）と**国債依存度**（新規国債発行額／歳出総額）はともにいずれは一〇〇％になり、国債残高の名目GDPに対する比率は無限大になるという、**ドーマー条件**なるものが知られています。それが意味するところは、「財政の健全化を実現するためには長期金利の水準をできるだけ低く抑え、名目成長率を高めに維持することが望ましい」ということです。インフレターゲットを設けて、大量の国債を買い入れる、それによって長期金利を低下させ、物価上昇率を高めて名目成長率を引き上げる金融政策をとるべきだと主張する人々の頭の中には、ひとつにはこうした考え方があります。

国債の負担について

国債の発行については、しばしば後代に負担を残す、と言われます。ただ、国債がどういう意味で、しかも誰の負担なのかについては、一見自明のことのように見えて実はなかなかむずかしく、意見が必ずしも収斂《しゅうれん》しません。それは、国債の発行それ自体は金融取引（貸し借り）でありながら、それに絡んで所得移転（出し切り、払い切り）が行われているという事実によるものです。国債は発行者である国の債務であるが、同時に、国の構成員である国民（国債の保有者）の債権でもあるという二重性が、問題をさらに複雑にしています。

このように、この議論は決着がつかないのですが、はっきりしている負担の問題があります。それは、インフレによる資産（債権）価値の下落です。第2章でも見たように（八〇ページ）、一般にインフレは、収入が増える一方で、債務のほうはあらかじめ定められた一定の金額さえ返せばいい債務者にとっては好都合、インフレになっても一定の金額しか返ってこない、すなわち債権の実質価値が下落する債権者にとっては大問題、という性格を持っていますが、国債の場合にもそれが当てはまります。

次ページの図式は、国債の元利金が現在および将来の税収で賄われるということを表すものですが、インフレの下では、右辺の数字は固定されたまま左辺の数字が増大するはずです（名目ＧＤＰの増加→税収増大）。しばしばインフレは増税と同じだと言われるのですが、それは

現在および将来予定されている税収 （現在値に換算）	現時点の国債発行残高

国債の発行残高と税収との関係

このことを指しています。この結果、債務者である国の実質的な負担は減りますが、負担増となるのは言うまでもなく債権者である国民です。日本の財政状態の改善するためにはインフレが一番効く（**調整インフレ論**）、と言われても、国民としては簡単に納得するわけにはいきません。

この図式の左辺は国の徴税権と言い換えてもいいのですが、ここから、「国債を増発し続けていると国家財政が破綻する」とはどういう意味なのかという問題が浮かび上がってきます。理論的な意味での財政の破綻とは、先ほど述べたドーマー条件を指しますが、現実の世界では、国が公共サービスの原資としている徴税権の発動に支障が生じ、国としての機能が損なわれる、最悪の場合は機能が停止する、国債の元利払いさえできなくなるそういった状態を指します。これが**財政の持続性**（sustainability）にかかわる問題であって、このことについて疑念が湧いたときに、その国の国債は強い売り圧力を受け、その国債の利回りが、したがって長期金利全般が急上昇することになります。一部の南欧諸国の問題から起こったユーロ圏破綻の危機は、こうしたシナリオが現実のものとなり得ることを示しています。

財政節度維持の重要性

このことに関連して、「日本は潤沢な対外純資産を保有しており、ギリシャなどとは違う。少々国債を増発したからといって、投機的な国債の大量売却を招くことはない」という意見をしばしば耳にします。最近、貿易収支赤字の拡大が注目され、経常収支の赤字化もそう遠くはないといった議論があることは事実ですが、日本は対外的に大幅な債権超過の状態にあります。

しかしながら、すでに繰り返し述べたように、金融はカードでできた家であって、何がきっかけで崩壊するかわかりません。国債の海外保有比率が低い(先の図表3-2参照)からといって安心できるものではありません。実際に国債を保有していなくても、将来ある一定の価格で国債の売買を約束する先物で、大きな売りを出すことは可能です。先物価格の下落にともなって現物価格も低下します。まだ高い現物を売って、安くなった先物を買う裁定取引が活発化するためです。一部の投機家が引き起こすこうした市場の漣《さざなみ》は、ただちに国内投資家に伝わり、拡大していきます。売りの波は国債を超えて、他の円資産に広がっていきます。その結果生ずる大幅円安は輸出にとって朗報だ、その結果としての物価上昇はデフレ脱却策として歓迎だ、などといっている余裕はありません。円資産全般の価格低下は、それら資産の利回り上昇、すなわち金利の上昇を意味します。この時点での急激な金利上昇は経済活動を一段と萎縮させる要因であるばかりでなく、公的年金を含む金融システム全体を崩壊の危機に陥れる可能性があります。

こうしたことが実際に起こるかどうか……現時点ではなお「狼少年」のそしりをまぬかれないのですが、金融においてはすべてが期待と信頼にかかっていること、いったん信頼を失ったら取り返しがつかない状況になることは、これまでもたびたび見てきました。ここで信頼をつなぎとめるのは、やはり、国債の野放図な発行は許さないという、財政の節度を維持することについての政府の決意であり、その方向へ向けての努力です。

その一環が、前に述べたプライマリー・バランスの赤字幅縮小・均衡化へ向かっての努力なのですが、実際に国債発行高や残高が縮小しなくとも、市場関係者、とりわけ海外投資家はその方向への努力の有無を注視しています。堤防に小さな穴が開いているのを見つけた少年が、自分の指で一晩中その穴を塞《ふさ》ぎ、町が洪水に見舞われるのを防いだ、というオランダの話がありますが、この場合、実際にこの少年が穴を塞いだために洪水を免れたのかどうかは実は問題ではありません。大切なのは、少年が身を挺して洪水を防ごうとした、その精神・姿勢なのであって、それゆえにこそ市民はこの少年を称賛したのです。

2　為替政策との関わりあい

為替相場について

二〇〇八年に始まった白川総裁時代の五年間は、ひたすら円高に悩まされてきた時期であったと言っても過言ではありません。前の章で述べたさまざまな金融緩和の手立ては、相次ぐ円高の波をどのようにして乗り越えていくかという、試行錯誤の日々の跡であったとも言えます（第4章一八二～一八三ページ参照）。金融取引には例外なく期待の要素が大きくかかわっていることはすでに見たところですが、為替相場はとりわけそのことが顕著な分野です。

ドル、円、ユーロ、いずれも通貨であり、したがって金融商品の一種ですから、他の金融商品同様、その価格は、まずは短期金融市場、その中でも外国為替市場と呼ばれている「場」において、それに対する需要と供給の関係で決まります。外国通貨は、国境を越えた取引に用いられる決済手段ですが、同時に経済主体にとっての金融資産でもあります。金融資産として見るならば、資産価格バブルは土地や株式だけでなく、外国通貨についても起こり得るということになります。

為替相場がどのようにして決まるのかについては、いろいろ理論的に理屈づけが行われても、実際にはそこから大きく乖離《かいり》することが多く、とりわけ金融政策との関係では扱いに厄介な分野であることで関係者の意見は一致しています。その中でも、一般にある程度の地位を認められているのが、購買力平価説と金利平価説です。

購買力平価説とは

購買力平価説とは、一単位のモノ・サービスを買うのにどのくらいの通貨を必要とするかということから為替相場を計算する手法です。世界中どこでも同質同量のモノというのはなかなか見つけにくいのですが、『ロンドン・エコノミスト』誌は、ハンバーガーがそれに近い、ということで、これを採用しました。ハンバーガー一個買うのに日本では一〇〇円、米国では一ドルとすると、一ドル＝一〇〇円というハンバーガー平価が成立している、とするわけです。

この場合、米国で物価が上昇して、一個二ドルになり、日本では変化がなかったとすると、ハンバーガー平価は一ドル＝五〇円の円高・ドル安となります。この関係を一般化したものが次の式です。

購買力平価(¥／$)

＝基準時点の為替相場(¥／$)×[日本の物価指数／米国の物価指数]

過去のデータを見ると、購買力平価と実際の円ドル相場とは、一〇年単位といった長期ではおおむね似たような動きをしているものの、時にはかなりの乖離があり、為替相場の短期予測などには、とうてい使い物にならないことがわかります（図表3‐3）。「一ドルは将来五〇円になる」などと「予言」する人がいますが、現在のような日米両国の物価上昇率が持続することを前提とすれば当然そういう計算になるということを言っているに過ぎません。

為替相場が今後どうなるかの予測には、両国の物価がこれからどうなるかということについての「期待」ないしは「予測」が大きな役割を果たすということがわかります。言い換えれば、今後日本ではデフレが続き、米国では物価が上昇するであろうという予測が支配的になれば、それは現在の円の対ドル相場を押し上げる要因になる、その反対なら円安要因となる、ということです。

図表 3-3　購買力平価と実際の為替相場

出典：Bloomberg，日本銀行，総務省の資料.

ここで、物価の動向を決めるのは通貨量の増減であり、通貨量は金融政策によって決まるという立場（マネタリスト・アプローチ）をとるならば、金融緩和（通貨増発）→物価上昇は円安材料ということになります。一部のマネタリストはさらに進んで、物価の変動という媒介物を飛ばして、為替相場は、両国の通貨量ないしはその増加率の差によって決まると主張します。

そして、ここでも期待、予測が大きな役割を果たします。日本の政策当局の金融緩和の「姿勢」が米国のそれに比べて不十分だという見方が支配的になり、皆がそれを信じさえすれば、それだけで円高が進行するというわけです。第2章でも見たように(一〇〇ページ)、その「姿勢」を測る手段としては、両国間の中央銀行の資産規模、ないしはマネタリーベースの大きさがしばしば用いられます。

金融市場取引一般に言えることですが、外国為替市場ではとりわけ**美人投票**の要素が強く出るようです。ケインズの言葉として知られている美人投票では、誰が美人かについての多数決の結果を当てた人が賞をもらいます。となると、自分自身の美的感覚よりは、多くの人が美人と思うのはどの人であろうかを当てることがもっぱらの関心事となります。

これまでは、名目的な円とドルの関係である**名目為替相場**だけを問題にしてきましたが、交易は何もドル建てだけで行われているわけではなく、他にもさまざまな通貨があります。ユーロ建てがその代表で、交易が家計・企業活動(輸出入)に及ぼす影響を考えるためには、少なくともそのことは考えておかなければなりません。対ドルでは円高だが、対ユーロでは円安になった、などというケースはよくあることです。人民元などが広く使われるようになれば、そのことも考えなければならないのでしょうが、今はまだ始まったばかりです。こうした目的で、交易に用いられる各通貨を相手国との貿易量で加重平均し、それをまとめたバスケットとして計算したものを**名目実効為替相場**と言い、世界を相手に、さまざまな通貨で取引している企業の場合には重要な指標になります。

このほかに、両国の物価変動を調整して、実質ベースで為替相場を計算する**実質為替相場**、**実質実効為替相場**というものもあります。国際競争力の比較といったマクロの理論的な分析には有用な概念ですが、ミクロの家計・企業活動にとってはあまり意味がありません。しばしば、「実質実効為替レートで見れば円高にはなっていない(だから心配するな)」というような言葉を聞きますが、これはマクロとミクロの視点の違いを無視した発言です。

金利平価説とは

為替相場の変化に影響を与えるもう一つの要因は、両国間の金利差です。これが**金利平価説**と呼ばれるものであって、両国で、それぞれ一定の期間にある特定の金融資産を運用した場合、その収益は同一になるはずである(そうでなければならない)という考え方をベースとします。

このことを具体的な例で示すと次の通りです。いま、一〇〇万円を持っている投資家が、円のまま運用するか、それともドルに替えて運用するか考えていたとします。現在、日本の金利は年二％、米国の金利は年五％、現在の為替相場(**直物相場**)は一ドル一〇〇円です。一〇〇万円を日本で一年間運用した場合の元利合計は一〇二万円ですが、これを現在の相場でドルに換えて、一万ドルを米国で運用した場合の元利合計は一・〇五万ドルになります。この投資家がドルで運用する場合には、この一・〇五万ドルを一年後の為替相場で円に戻して得られる額が、少なくとも一〇二万円と同じ、ないしはそれ以上でなければなりません。さもなければ円で運用していたほうが得だからです。そのような結果を得ることができる一年後の為替相場(これを、現時点で見た場合の**先物相場**と呼びます)は、一ドルおよそ九七円という計算になります。

このことは一般に、1+i=(1+ii)F/Sという式で表されます。ここで:iは円金利、iiはドル金利、Fは先物相場、Sは直物相場です。

経済学の教科書では、金利平価には**カバー付き**と**カバーなし**の二種類がある、というように説明しています。カバー付きとは、この式の各変数が均衡(確定)していて、変化しないということを前提としている、いわば事後的な恒等式であって、為替相場の変動を説明するものではありません。現実の取引では、為替リスクを避けるために先物でカバーをとる、つまり、現在市場が予想している将来の直物相場(=先物相場)で一定期日後の為替売買の予約を行っておく、という場合も多いでしょうが、すべてがそうであるわけではなく、また、場合によってはカバーをとらないで、意図的に為替差益を狙う向きも少なくありません。

金融政策と為替相場との関係

ということで、為替相場の変動にかかわるのは、あらかじめ為替リスクに対する手当をしない、カバーなしのほうですが、先物の動きが絡むために、購買力平価説同様、ここでも期待ないしは予想が大きな働きをします。

先の例で、米国で金融緩和が進み、ドル金利がゼロになったとすると、一年後の両国の運用益の円換算額を等しくするためには、将来の直物相場、すなわち現在の先物相場(将来におけるドルの円換算相場)は一ドル一〇二円にならなければならない計算になります。直物相場より先物相場のほうがドル高になっているため、これを**ドルプレミアム**ないしは**円ディスカウント**と呼びます。しかし、市場ではしばしば、将来の直物相場は現在の直物相場(一ドル一〇〇円)とそう変わらないという錯覚が支配することがあり、そうした目で見ると、米国の金利低下を予想した投資家は、すぐにでもドルを売って円を買い、円で運用したほうが得だ、というように考えます。

こうした物の見方、理解の仕方が広く行き渡ると、何はともあれ、日米金利差が縮小、たとえば、日本の金利が下げ渋る一方で、米国の金利はさらに低下する、といった噂が流れたとたんに円高が進む、ということになります。日米の金利は日々刻々変化しますが、そうしたごく一時的な動きでさえも噂の源になります。とりわけ、FRBが金融緩和に積極的であるのに対

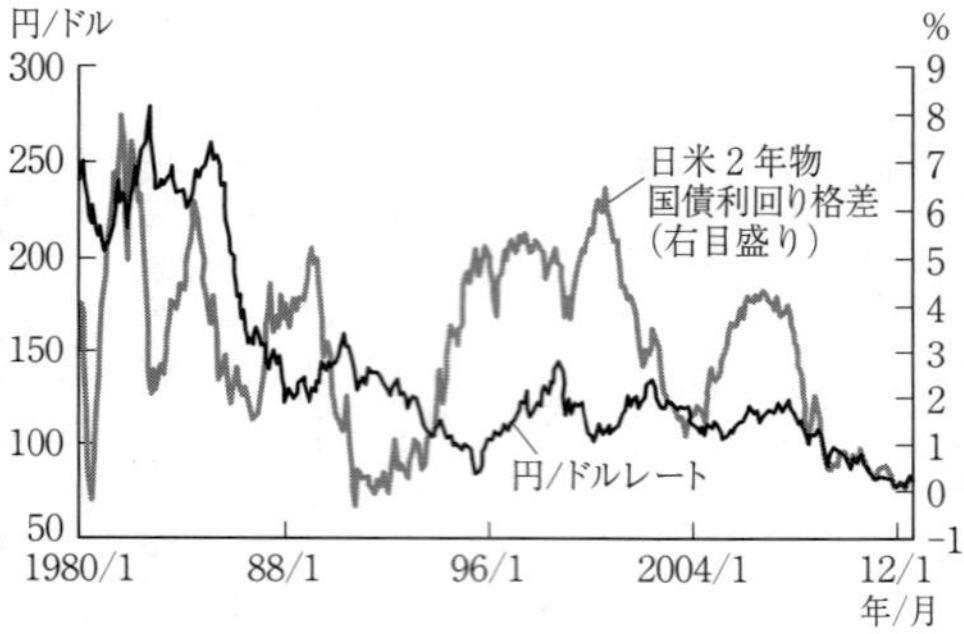

図表3-4　日米の金利差と円/ドルレートの推移
出典：梅田前掲書.

して日銀の態度は生ぬるい、などという話が伝わり、それを皆が信じると、それが円高要因となって相場に反映されます。噂が噂を呼んで、実際に自己実現していくという過程はバブル一般に見られる現象で、ひところの円高にはそうした要素が色濃く見受けられました。

こうした風潮を煽ったのが、メディアの報道ぶりと、一部の学者やエコノミストたちの強力な金融緩和促進キャンペーンであったことはよく知られています。そうした結果を事後的に見ると、あたかも、米国金利が低下する一方で日本の金利が下げ渋り、日米金利差が縮小したために円高が進んだ、というような印象を与えるグラフができあがります（図表3-4）。もっとも、この図からもわかるように、そうしたことがあてはまるのは二〇〇八年以降のことであって、実際にはそうでない時期のほうが多いのですが、こうしたことを主張する人たちはそのことは無視しています。

そうしたことのもう一つの例として、**ソロス・チャート**と呼ばれるものがあります（図表3-

5)。これは、日米両国のマネタリーベースの比率と円／ドルレートとをプロットしたもので、ファンドマネジャーなどが重宝しているものです。このグラフは、「金融当局の金融緩和の意思はマネタリーベースの規模で測ることができる。マネタリーベースの変化は、ただちに円ドル相場に影響する」ということを示しているとされるのですが、なぜそうなのかという理論的な根拠に欠けるうえに、それがうまく当てはまらない時期もあり、やはり説得力がありません。相関関係が深まった時期についての背景は必ずしも明らかではありませんが、市場関係者の多くがソロス・チャートの有効性を信じさえすれば、実際にそのような動きが生ずるという「期待の自己実現」の一例であるという見方もできます。ファンドマネジャーの中には、こうした動きを利用して意識的に一方的な情報を流し、それでひと儲けした人もいたはずで、そういう、いわゆる「ポジション・トーク」もあるいは一役買ったのかもしれません。

図表 3-5　ソロス・チャート——日米マネタリーベースと円/ドルレート

出典：梅田前掲書に加筆.

もちろん、いままで述べてきたことだけが円高の要因であったわけではなく、そのほかにも、ユーロ圏の動揺を眺めて、相対的に安全な円資産を買っておこうという動きが相当程度働いたことは事実です。そのことは、この間に短期を含む国債の海外保有比率が上昇したことからも読み取れます。海外投資家のみならず、今まで外貨準備としてドルやユーロを持っていた国々がその一部を円に振り向けた、というようなこともあったのでしょう。そうした場合に円を保有する動機は、もはや予想される物価変動率の差とか予想される金利の差などに基づくものではなく、ただひたすら安全な資産を、という動機に基づくものです。国内投資家にも、あるいはそうした円回帰の動きがあったのかもしれません。そこには、金融緩和の度合いやマネタリーベースの規模などという要素が入り込む余地はありません。

一般に、何が原因で何が結果であるかを見極めることが重要だとはしばしば指摘されることですが、金利差と為替相場との関係でもそのことが当てはまります。因果関係はしばしば、一見したのとは逆の方向に走ったり、双方向に働いていたりします。単なる複数の現象の併存ないしは相関関係と、それらの間の因果関係とを混同しないよう、十分の注意を払うことが肝要です。

デフレ対応の金融・為替政策

これまで見てきたことを踏まえて、理論的にはともかく、政策論として考えてみると、円高に悩み、何とかして円安方向に持っていけないかということを考えた場合、日本の金融緩和が、他国、とりわけ米国に比べて格段に進んでいることを極力市場に印象づけて、そうした見方を定着させることが何よりも大事だという結論になりそうです。そして、金融緩和の進み具合が中央銀行の資産規模、ないし準備あるいはベースマネーの大きさで決まるということを強く主張したうえで、市場の期待を裏切らないように実際にそれを実現していくのが、政策当局のとるべき態度ないしは戦略だということになります。

ただ、自国の為替相場は他国のそれの裏返しですから、意識的に円安をもたらすことを意図して金融緩和を進めることは適切ではなく、仮にそれが本音であるとしても、対外的にそのことを言うわけにはいきません。他国、とりわけ日本と輸出面で競争関係にある諸国は、日本の意識的な円安誘導に対してきわめて敏感であって、場合によっては外交問題に発展する恐れがあるからです。したがって、「現在とっている金融緩和政策はあくまでも日本を悩ましているデフレ解消のためである。その結果円安が進んだとしても、それは意図せざる副産物であって、それをめざしているわけでは決してない」と言い続けることになります。

先進国が競争するように金融緩和を進めると、そこで低コストで資金を調達し、それを高利の新興国等へ投資するという取引が魅力を増すことになります。これが、いわゆる**キャリー取**

引ですが、その結果、先進国の通貨は下落します。二〇〇五年から二〇〇七年にかけての大幅な円安は、その一例です。その一方で、新興国等の通貨は上昇して、その国の輸出抑制・輸入促進の要因となり、流入した資金はその国に株や土地バブルを引き起こす可能性もあります。

ブラジルのマンテガ蔵相の発言で有名になった**国際通貨戦争**は、こうしたリスクの発生についての先進国の責任を指摘したものですが、FRBのバーナンキ議長はこれに対して、金融緩和によって米国はじめ先進国の景気が回復すれば、それは新興国にも伝わるはずで、世界全体にとってもよいことだと防戦に努めています。この例は、グローバルな世界において金融政策の運営を行う場合、とりわけ先進国の場合には、当然のことながら他国への十分な配慮が必要であることを教えています。この問題は、引き締め期には逆方向に出ていきます。

こうしたことを考えると、ひところ話題になった、日銀による外国債券の大量購入提案は、デフレ政策の選択肢にはなり得ないことがわかります。この提案は、日銀に特別の基金を設け、銀行から五〇兆円規模の外国債券を買い入れるというものですが、日銀が外国債券を買い入れるためにはまず外貨が必要で、日銀が円対価にこれを行うと、それはすなわち日銀による外為市場への介入ということになります。介入については、誰がそれを行うのかという権限の問題があるほかに、政策的・意図的な円安化は他国との関係で微妙な問題が絡みます。この提案では、こうした手法で準備を積み上げることが有効なデフレ解消策になるということも主張されているのですが、すでに大量に準備が積み上がっているところへ、外交問題を起こしてまで、さらに準備を積み上げる意味があるのかという問題もあります。安倍政権発足にともなって実現した急速な円安化の下では、この提案は今や意味を失いました。

為替市場への介入

為替相場に関係する政策を為替政策というのであれば、金融政策を含むすべての経済政策・産業政策は為替政策だと言っても過言ではないのですが、一般には、為替政策とは**為替介入**とそれに関連する事柄を指すと理解されています。その昔は、為替管理政策というものもありましたが、現在、先進国でそうした政策をとっている国はありません。

為替市場への介入は、公的資金を用いて為替相場の乱高下を防ぎ、貿易資本取引の円滑化、ひいては経済活動全体の安定的な発展を図るための政策とされています。先進国では、一定水準の為替相場の実現や維持を目的とする介入は一般には受け入れられていません。スイスのような、自国の為替政策が他国に大きな影響を及ぼす恐れの少ない、経済学で言うところのいわゆる「小国」は例外です。

異常な乱高下を防止するための介入は、もちろん国際的に是認《ぜにん》されています。二〇一一年三月の東日本大震災の際、円が市場の予想を裏切って一時急騰したことがありましたが、これに対する日本の介入に応じて、米国などが、ただちに協調的な介入を行ったことがそれを証明しています。このときの円の急騰は、震災で支払いを迫られる日本の保険会社が、手持ちの外貨資産を処分して保険金の支払いに充《あ》てるに違いないという投機筋の思惑からであったと言われていますが、実際にそうした換金売りが行われたことはありませんでした。このことは、ある出来事に直面した市場が、どのような期待に基づいて、どのように迅速に動くかということを如実に示しています。介入が正当化されるのは、こうしたことに基づく一時的な市場の歪《ゆが》みを正す場合です。

乱高下防止から一歩進めて、ある特定の相場水準を実現する、ないしはそれを維持するための介入は、そもそも有効性を持たないということは、これまでの経験でよく知られた事実です。膨大な取引が時々刻々と行われている世界の為替市場への単独介入は、たとえて言えば大海に注ぐ水の一滴であって、波の方向を変える力はありません。波が変わるとすれば、それは、各国が共通の意図に基づいて、歩調を合わせて財政金融政策の運営に当たる、そして、市場がそのことを十分に理解し、信頼する場合に行われる協調介入であって、一九八五年のプラザ合意はその数少ない例です。ましてや、一国の蔵相の、「断固たる措置をとる」程度の口先介入が永続的な効果を持つはずがありません。

為替介入は、次のような手順で進められます。

介入主体は財務省が管理する**外国為替資金特別会計**(**外為会計**)で、日銀はその代理人として実際の業務に当たります。日銀のバランスシートは動きません。円高対応の円売り外貨買い介入の場合は、外為会計がまず市場で外為証券を発行して円資金を調達し、それを対価に銀行から外貨を買い取ります。政府による円資金調達段階では、銀行が保有する日銀預金、すなわち準備から政府の日銀預金への振り替えが行われ、介入によってその逆の取引が起こるわけで、介入の前後を通してみれば準備の水準は変わりません。銀行の手を離れた外貨(外貨建て預金)は、外為会計(経理勘定)が管理する**外国為替資金**という「基金」の保有資産となり、通常は、それが外貨準備に算入されます。

一連の取引が終了した段階では、外国為替資金(基金)の債務には外為証券、債権には外貨という形となります。債務が円建て、債権が外貨建てですから当然為替リスクがある(評価損が発生する)わけですが、本来は民間銀行が負っていた為替リスクを外為資金が肩代わりしたというように見ることもできます。円高が進行すれば評価損は拡大し、場合によっては政治問題に発展することもありますが、財務省は、外貨保有から生じた過去の累積運用益が大きな規模に上っているために、評価損はそれによって相殺されていると答えています。円安進行時には、評価損は当然減少します。

日銀が、円相場の安定のために為替市場に介入することができるかどうかについては、旧日銀法は必ずしも明確ではありませんでしたが、改正された新日銀法では、日銀は外国為替の売買はできるが、円相場の安定を目的とするものについては「国の事務の取り扱いをする者として」行う、すなわち代理人として行動するものとされています(第四〇条)。日銀の理念を掲げる第二条が、国内における価値の安定を意味する「物価の安定」と言い、対外価値の安定をも含む「通貨価値の安定」とは言っていないということは、そうした解釈を踏まえてのこととされます。

この点については、日銀法改正の過程で、日銀内にも、為替相場の変動は国内物価の動向と密接な関係があり、日銀の重大な関心事であって、為替相場の安定化に努めるのは日銀自身の使命であるとする意見がある一方で、為替相場の安定を優先するあまり、国内の均衡が乱れて物価の安定が実現できなくなるようでは問題だとする意見があり、結局、大蔵省(当時)の主張する現行案を受け入れることとなったという経緯があります。ちなみに、米国の場合は、財務省とFRBが協議のうえ介入し、その結果を折半、中国の場合は、もっぱら中国人民銀行が介入主体となって、そのバランスシートが動きます。

介入の不胎化について

先に述べたのは標準的な介入の態様ですが、迅速性、秘密性など何らかの事情で、介入に先立って外為証券を発行することができない場合には、一時的に日銀がそれを引き受け、外為会計の円資金調達を支援する場合もあります。以前述べたように（一二〇ページ）、国庫短期証券の引き受けは財政法に反しないとされています。この場合は一時的に銀行の準備が増えますが、外為会計は外為証券の市中発行や他会計からの借入で日銀が引き受けた分を極力速やかに償還するという取り決めになっているために、その過程で銀行の準備が減少するというケースが多いと思われます。

金融政策との関係では、このようにいったん準備が膨らんだ際にどのようなことが起こるか、それに対してどうすべきか、ということが問題になります。プラスの政策金利水準維持を目標とする伝統的な金融調節の時代には、準備の増加はすなわち政策金利の低下要因ですから、短期証券の売却等の手段によって余剰準備を吸収し、政策金利を目標水準に維持するという操作が必要になります。これが、**介入の不胎化**という名で呼ばれていたものです。しかしデフレからの脱却を念頭に、非伝統的金融政策、とりわけ準備の大幅積み上げを主張している人々からは、円高防止のための介入を行ったのに、それと同時に準備を積み上げるというせっかくの機会をつぶしてしまった日銀は、「右手のやったことを左手で打ち消した」と批判されました。

伝統的金融政策が支配していた時代（二〇〇〇年初めごろまで）には、この論争にはある程度の意味があったのですが、その後、日銀自身が、準備に目標値を掲げて積み上げるという量的緩和政策に転換した(二〇〇一〜二〇〇六年)ため、この論争は意味を失った感があります。つまり、介入による準備の増加は、準備の目標値到達のための一つの手段に過ぎなくなったわけです。そのことは、基本的に現在でも同じです。ただ、日銀がそれまでの不胎化政策を止めて、積極的に緩和政策に乗り出したという受け止め方、またそれによって準備が積み上がっているという事実が市場の期待に影響を与え、円安と金融緩和が一段と進行するはずだと主張するマネタリスト・グループからは、日銀は改めて明確に不胎化政策を行わないことを宣言すべきだという批判がありました。

円高は問題か

「円高は問題か」などと言うと、「問題であるに決まっているではないか」と言われそうですが、少し冷静になって、客観的に考えてみます。

まず輸出業者の立場に立ってみると、今まで一ドル一〇〇円で利益が出る事業計画を立てていたのに、それが八〇円になったために利益どころか損失が出る、ということで、大問題であることはその通りです。これを回避するための手段が円建て契約ですが、これには従来からの商慣行とか、相手先との力関係という要素が絡んでくるため、輸出業者が勝手に決められるものではありません。利益の減少ないしは損失の拡大を防ぐためには輸出価格を引き上げなければなりませんが、相手方との関係でそれが可能かどうかという問題に加えて、その結果いわゆる国際競争力が失われ、自己の製品市場が縮小・浸食されるリスクがあります。なお、ここで国際競争力にいわゆるをつけているのは、この言葉には絶対的な意味はなく、為替相場の動きでどうにでもなる性格のものであることを意識してのことです。国際競争力に絶対というものがあるとすれば、それは生産性格差でしょう。

輸出産業の経営不振は、設備投資や雇用面で日本経済の足を引っ張ります。日本の雇用市場において輸出関連企業の占めるウエイトを考えると、この問題は軽視できません。雇用問題は、円高対応策として企業が海外へ進出するにともなってさらに顕著になっていきます。

このように、円高は問題なのですが、ただ、輸出業者の製品がすべて国産品でできていることは稀で、原材料その他に輸入品を使っていることが多いはずですから、その面では円高はコスト引き下げ要因として働いています。原油などエネルギー価格の下落は、大きなコスト節減要因です。また、ある程度緩やかな円高が進行している場合には、それに対するカバーやリスクヘッジなどの操作を行う余裕がありますから、まったくお手上げというわけではありません。海外進出が進んでいる企業にとっては対日輸出の増加、したがって、現地子会社の収益増加要因です。そういうわけで、円高は常に困った現象だというわけではありません。問題は予想もしない急激な円高の進行であって、これに対しては対応のしようがありません。すでに見たように、為替市場への介入が意味を持ってくるのはそうしたときです。

一方、輸入業者の立場から見ると、円高で、今まで一〇〇円で一ドルのモノを仕入れていたのが八〇円で済むわけですから大歓迎ということになります。これを消費者にどの程度還元し、どの程度を利益として確保するかは、業者の収益状況と市場の需要しだいです。消費者の立場からすると、輸入品価格の低下や海外旅行費用が安くなるのは歓迎すべきことですが、デフレ脱却のために何とかして物価を上げたいと思っている政策当局としては、好ましいとばかりは言っていられません。

投資家という立場から見ると、円高の結果、これまで円対価でドル投資をしていた向きは大きな評価損(売買すれば売買損)を被ります。金融機関にとっては収益悪化の要因であり、公的・民間年金基金もその例外ではありません。反対に、借入などドル債務を負っている者にとっては負担が軽くなりますが、日本全体としては純債権国ですから損失が勝ります。その一方で、円高は、GDPの規模や一人当たりのGDPのドル換算額を高め、国際比較をした際の日本の地位を高める結果をもたらします。「円高は国益にかなう」という主張の背景にあるのは、こうした考え方です。

あれこれ見てきましたが、「諸悪の根源は円高」とまでは言えないとしても、長期にわたってデフレ傾向が続いている日本にとって円高はやはり問題で、とりわけその急激な進行が日本経済に深刻な影響を及ぼしてきたということは否定できません。それではどうしたらいいのか。金融政策によって円高を防ぐことができるのか……。これがデフレ対応の金融政策の大きなテーマの一つであって、そのための試行錯誤の数々についてはすでに見てきたところです。

なお、為替相場という面から見た財政政策と金融政策の効果については、**マンデル＝フレミング・モデル**というものが知られていますが、このことについてはコラムを参照してください。

コラム●マンデル＝フレミング・モデル

一九六〇年代の初めに、固定相場制度と変動相場制度それぞれのもとで、財政政策と金融政策をどのように組み合わせると最適な政策運営ができるかという問題意識に基づいて唱えられた理論です。この理論は、ケインズの経済理論体系を簡略に表現したＩＳ・ＬＭ分析を開放経済に適用した、すなわち海外要因をも考慮したものであって、価格は不変、資本移動は完全に自由、という前提のほかに、自国の政策運営が他国に影響を及ぼすことはないという条件があります（「小国の仮定」と呼ばれています）。いろいろなケースが取り上げられていますが、結論的に言えば、変動相場制度のもとでの政策運営に限って言えば、景気対策として財政政策は無効である一方で、金融政策は有効であるということです。

このことをもう少し詳しく説明すると次のようになります。

縦軸に金利を、横軸に生産量(GDPなど)をとります(一五三ページの図参照)。価格は一定と仮定されていますから、名目金利=実質金利です。両者の組み合わせは無限にありますが、その中で、貯蓄(S)と投資(I)を一致させるような点を結んでみると、一つの曲線が描けます(ここでは簡単化のためにすべて直線にしています)。この線上では、事後的に必ずI=Sが成立しています。これがIS曲線です。ここで貯蓄とは、生産されたモノ・サービスのうち、消費されてなくなってしまった分を除いたもの、投資とは、消費されず、次の段階の生産に用いられるもの、という意味(実物概念)であって、日常使われている消費・投資という概念と少し意味が違います。

次に、同じく金利と生産量との組み合わせの中で、通貨の供給(L)と需要(M)が一致するような点を結んでみると、ここでも一つの曲線が描けます。これがLM曲線です。この線上では事後的に必ずL=Mが成立しています。経済は、このIS曲線とLM曲線が交わる点で均衡(安定)する、とされています。

ケースAで、LM曲線をそのままにしておいて、投資を増加させる(IS→IS′)と、均衡点は上方に(右に)移動します(E→E′)。このとき金利は以前に比べて上昇し(r→r′)、生産量は増加します(Y→Y′)。投資には民間投資も公的投資(財政支出の拡大)もあります。財政支出の拡大が金利の上昇をもたらすと言われているのはこのことを指します(ケースA)。しかし、金利の上昇は資本の流入をうながし(ここで資本の流入とは、高金利につられて他国通貨をその国の通貨に交換するという意味です)、そのことがその国の為替相場を上昇させますが、それは海外需要(輸出量マイナス輸入量）の減少要因になります。このため、海外需要をも含めて拡張したＩは、今度は左へ（下方へ）移動する結果、生産量は減少し、当初の財政支出の拡大が生産量を増加させた効果を減殺することになります。

ケースＢは、ＩＳ曲線をそのままにしておいて、通貨量を増加させた（LM→LM′）場合です。このとき、均衡点は下方に（右に）移動します（E→E′）。金利は低下し、生産量は増加します（Y→Y′）。金利の低下は資本の流出、すなわちその国の為替相場を下落させ、そのことが海外需要を増加させる結果、拡張したＩＳ曲線は右に（上方に）移動し、生産量はさらに増えます。これが金融緩和

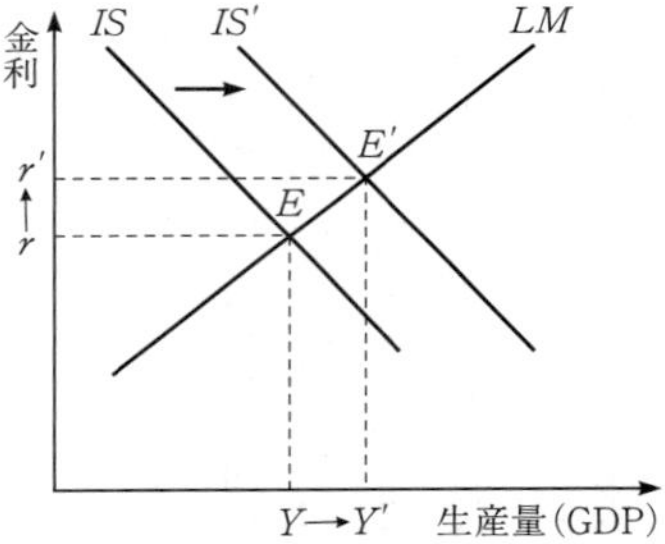

ケースＡ

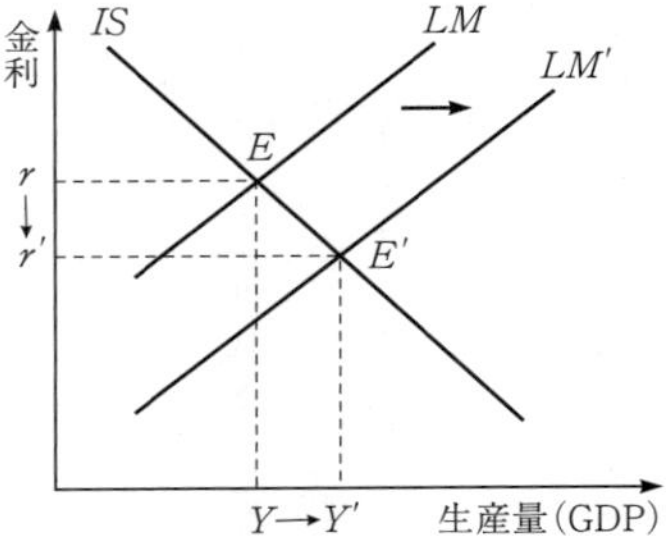

ケースＢ

の効果とされているものです。

このモデルについては、かつては資本移動が完全に自由であるという前提が非現実的だとされましたが、近年ではそうした問題はなくなりました。しかしながら、小国という前提があるために、日米といった経済大国にこの理論を適用することは問題であるのみならず、期待の要素を考慮していない静態的な分析にとどまっていること、内外金利差の変化が、ただちに外資の流出入を招き、それが為替相場の変化に直結するということが当然の前提となっていることなどの問題が指摘されており、しばらくは過去の理論とされてきました。

しかし、今回のデフレ脱却策をめぐる議論の過程では、デフレには財政政策ではなく、金融政策で対応すべきだという主張の根拠として利用される例が見られました。ただ、ある一変数、たとえばＩが変化する際に他の変数は不変と考えるＩＳ・ＬＭバランス分析特有の問題点があるほか、そもそも財政支出の増加が全体としての生産量の増加につながるのかどうかという問題があります(財政乗数をめぐる議論)。さらに、価格は不変という仮定があり、この法則を安易に現実にあてはめて、デフレ対策として提案することについては慎重であるべきだと考えます。

第４章

中央銀行が直面している諸問題

1　中央銀行の独立性

中央銀行の独立性とは何か

第1章では、「金融政策は、物価の安定を通じて国民経済の持続的な発展を図ることを目的として運営されている」と述べました(二三ページ)。しかしながら、こうした意味での金融政策の歴史はそれほど古いものではありません。多くの場合、中央銀行の設立当初の目的は、むしろ王室や政府への貸付、地域金融の円滑化、特定産業の支援、などというところにあったのです。今日のような意味での金融政策が生まれたのは比較的最近の話であって、とりわけそのことが重視されるようになったのは、ここ半世紀程度といってもいいかもしれません。

中央銀行が、特定の国策目的の達成といったことから離れて、物価の安定という目的に集中できるようになったきっかけとして知られているのが、一九五一年に成立した、米国の連邦準備制度(FRB)と財務省との間の**アコード**(合意)です。

FRBは、第二次大戦中、米国国債の発行コストを抑えることを目的として、国債の買い手となってその価格を支えてきました。国債価格の下落は利回りの上昇と同義ですから、その価格を引き上げることは、利回りの低下、すなわち発行コストの引き下げということになります。

つまり、ＦＲＢは、戦時という非常事態の下で、戦費調達のコストをできるだけ抑えたいという国家目的のために、金利を経由した金融政策の運営を放棄していたということになります。一九五一年のアコードは、そうした慣行を停止することについて、財務省とＦＲＢとの間で合意が成立したことを示すもので、以後、ＦＲＢは、みずからのイニシャティブに基づく自由な金融政策運営を行うことが可能となりました。

現代的な意味での金融政策の目的が物価の安定とされたことから、その運営にあたっては、可能な限り政治的な圧力を排除するという、いわゆる**中央銀行の独立性**の尊重という原則が生まれてきました。政治権力の究極的な拠り所は国民の支持ですが、国民の意向はとかく短期的な利害にとらわれやすいものです。それを意識した各政治勢力は、長期的には大きな問題が潜んでいることを意識していたとしても、とりあえずは多数票獲得の意欲が先行し、国民に受け入れやすい政策の実行を主張する傾向があります。

金融政策の分野では、インフレという将来のリスクを考えて厳しさに耐えることを求める金融引き締めよりも、さしあたっての安楽、すなわち金融緩和を求める声が大きくなるのは自然の勢いです。中央銀行の仕事は、パーティーが盛り上がろうとしているまさにそのときに、アルコールの入った器を下げてしまうことだとしばしば言われますが、中央銀行が、政治勢力からの強い要請・圧力に屈して、その義務を果たさなかった場合にどのようなことが起こるか……。これまでの歴史は繰り返しそのことをわれわれに教えてくれています。コントロールの利かないインフレの発生、すなわち通貨価値の大幅下落です。第1章では、国家主権の一部である通貨発行権が、政府ではなく、そこから独立した中央銀行という組織に委ねられているのはなぜかという問いを発しました(七ページ)が、その理由はここにあります。日銀法第三条が日本銀行の自主性を尊重すべきことをうたっているのは、その表れと言えましょう。

しかしながら、金融政策は財政政策や為替政策と並んで国の経済政策の一環です。政府には、内閣総理大臣の選任を通じて国会の意思、つまりは選挙を通じて集約された国民の総意が反映されている、という構図になっていますが、中央銀行にはそうした仕組みはありません。ここで、国民から選ばれたわけではない中央銀行の政策担当者が、国の経済政策の一環である金融政策について独立性を主張するとはどういうことか、そのことはどのように正当化されるのか、という問題が出てきます。

金融政策の運営のような高度特殊な知識と技能を要求される任務は、それにふさわしい選ばれた少数の賢人の叡智を信頼して全面的にこれを委ね、彼らが大衆を超越した見地に立って決定を下すのが結局は国民のためになるという、一種の賢人政治論めいた議論もないわけではありませんが、その昔ならいざ知らず、現代の民主主義社会においては、こうした主張は鼻持ちならないエリート意識と受け止められかねず、まったく説得力を持ちません。

中央銀行が、国の組織の一つでありながら政治との間に距離を置き、しかもそのうえで政府と緊密な意思疎通を図っていくことを求められている……。このことは、「言うは易く行うは難《かた》し」の典型であって、実際にはいろいろ面倒な問題が起きてくることは避けられません。とりわけ近年、金融政策と財政政策との境界が曖昧になり、両者が一体となって動くことを要求されるような場面が増えていることが、この問題をさらに複雑なものにしています。財政政策は、国民相互間の所得移転に密接に絡むことから、政治の影響を真正面から受けやすいのですが、金融政策も以前に増してそうした動きに巻き込まれる頻度が増えて来ているように感じられます。

この点に関連して、日銀法第三条および第五条が日本銀行の**自主性**という言葉を使い、**独立性**という言葉を使っていないのは意味深長です。実のところ、この文言をめぐっては日銀法改正のときに議論がありました。原案では独立性となっていたのに対し、内閣法制局が、国の経済政策の一環である金融政策は一種の行政権限の行使と考えるべきであり、それについて内閣からの独立性を掲げるのは筋が通らないと異論を唱えたのです。会計検査院の独立性については、憲法、およびそれを受けて制定された会計検査院法にその根拠がありますが、日銀にはそうした根拠がありません。現在の日銀法には、こうした法制局の意見が反映されています。

日銀の法的性格

日銀の法的性格が、特別の法律によって設立された特殊法人(たとえば公社、公団、公庫など)ではなく、一般法に基づいて設立された法人に政府が認可を与える認可法人の一形態であるということについては大方の意見が一致しています。日銀法は、「日本銀行は、法人とする」と言っているだけであって(第六条)、日銀法によって直接日本銀行が設立されたわけではありません。

ただ、認可法人であるということと、その法人が行政事務を扱い、したがって、これに憲法第六五条「行政権は内閣に属する」が適用されるかどうかということとは別であるとされています。日銀が行っているのは金融業務であり、権力的な行為ではないことは確かです。しかし、その根底に銀行券の独占的発行権の付与という行為があると考えると、国から負託された業務(行政事務)ととらえることは可能であるというのが法制局の見解です。そして、これにある程度の独立性(自主性)を与えるとしても、内閣が人事権と予算権を掌握している限り、憲法第六五条違反とはならないという考え方をとっています。ちなみに、定款《ていかん》の変更は財務大臣および内閣総理大臣の認可事項となっています(第一一条)。

ただ、こうしたとらえ方には反対意見も少なくなく、識者の意見が完全に一致しているわけではありません。憲法学者のなかには、(少数ながら)金融政策の運営は単純な行政権限の行使ではなく、会計検査院についての規定が適用されるべきだという人もいます。

政府の人事権については、日銀法第二三条が、内閣による総裁・副総裁および政策委員会審議委員の任命、国会によるその同意という手続きを定めています。そして、任期である五年の間は、心身の故障や犯罪といった特殊な場合を除いてこれを解任することができないという身分の保証があり(日銀法第二四条、二五条)、政策判断が短期的な政府の意向で左右されることのないように、という配慮がなされています。主要国の例を見ても、中央銀行の役員の身分保障は文明社会の共通認識となっています(一六六〜一六七ページの表参照)。最近、政府による総裁解任権を盛り込んだ日銀法の改正が話題になることが多いようですが、この問題を議論する際には、こうした点を念頭においておく必要があります。ちなみに、第二次大戦中に策定された旧日銀法(一九四二年)は、戦時という状況を背景として、政府に役員の任免権と業務命令権を与え、厳しい監督体制をしいていました。それが今日のような姿になったのは、一九九七年に新日銀法が成立(旧法を改正)してからのことです(次ページの表参照)。

日銀法第四条は、日銀に対し、金融政策が国の経済政策の一環であることを踏まえて、それが経済政策の基本方針と整合的なものとなるよう、政府との間で連絡を密にし、十分な意思疎通を図ることを求めています。それを具体的に国民の前に示したのが、二〇一二年一〇月および二〇一三年一月に発表された、政府・日銀のいわゆる**共同声明**です。米国の例にならって

の変遷

1947年および1949年改正	1997年改正(新日本銀行法)
(変更なし)	銀行券の発行，通貨金融の調節．資金決済の円滑確保を通ずる信用秩序維持(目的)．物価の安定を図ることを通じて国民経済の健全な発展に資する(理念)．
政策委員会を設置(金融政策を国民経済の要請に適合するよう運営)． 委員は総裁，副総裁，金融・商工・農業の有識者4名(任命委員)，政府委員2名(議決権なし)．	政策委員会は総裁，副総裁2名，審議委員6名で構成． (政府委員は廃止)
(公定歩合の変更に係る主務大臣の認可を削除)	定款の変更は大蔵(財務)大臣および内閣総理大臣の認可を要す．財務大臣または経済財政担当大臣は，金融政策決定会合に出席し，意見を述べ，議案を提出し，議決の延期を求めることができる． 通貨・金融の調節，業務運営における自主性は尊重されるべし．日銀は，金融政策が政府の経済政策の基本方針と整合的なものとなるよう，政府との連絡を密にし，十分な意思疎通を図る．
総裁と副総裁は内閣において任命．政策委員のうち政府委員を除く任命委員は，両議院の同意を得て内閣が任命(任期4年)． 破産・刑罰・心身故障等の場合以外，在任中その意に反して罷免されることなし．	総裁，副総裁(2名)は両院の同意を得て内閣が任命(任期5年)． 政策委員会審議委員(6名)も上に同じ． 理事は委員会の推薦で財務大臣が任命(任期4年)． 役員は，特定の条件に該当する場合以外，その意に反して解任されることはない．
(出資者の日本人要件を削除)	出資証券発行(1億円のうち，政府出資額は5500万円以下)．
	経費予算は財務大臣認可事項．認可しない場合はその理由を通知公表．
	剰余金の100分の5相当を準備金として積み立てる(必要なら財務大臣の認可を得て，それ以上の積み立て可)． 財務大臣の認可を得て出資者へ配当可(ただし配当率は100分の5以下)． 剰余金から準備金・積立金・配当を控除した額から法人税・法人事業税等を納付．残りを政府に納付(一般会計へ納入)．

	日本銀行条例(1882年)	日本銀行法(1942年)
政策運営方針		国家経済総力の適切なる発揮を図るため，国家の政策に即し，通貨の調節，金融の調整及び信用制度の保持育成に任ずる．専ら国家目的の達成を使命として運営．通貨金融に関する国の事務を取り扱う．
政策決定機構	総裁，副総裁，理事4名．	総裁，副総裁，理事3名以上．
政府との関係	諸般の業務を監督し，法令違反はもちろん，政府に不利と認める事案を制止する．監理官を派出して諸般の業務を監視．定款は政府の許可．	主務大臣が監督．日本銀行の目的達成上特に必要ありと認める時は必要な業務の施行等を命ずる．監理官を置き，諸般の業務を監視(検査・報告徴求・意見陳述)．法令・命令違反に対しては罰則を適用．公定歩合の変更は主務大臣の認可事項．
役員任免	総裁は勅任(任期5年)，副総裁は奏任(任期5年)．理事(任期4年)は株主総会で選挙．主務大臣任命．	総裁，副総裁は勅裁を経て政府が任命．役員の法令・定款・命令違反，もしくは公益を害した場合，または日本銀行の目的達成上特に必要ありと認めた時は，総裁・副総裁を解任できる．
資本金	株式発行(当初1000万円，その後数回増資)．株主(日本人に限定)は大蔵卿の許可を得ること．	出資証券発行(1億円のうち5500万円を政府出資)．
予　算		経費予算は主務大臣認可事項．
剰余金処分	純益マイナス株主配当の残余の一定割合を積立金とする．	剰余金のうち一定金額を積み立て(法定・任意)．出資者には配当(政府は対象外)．残余のうち一定方式で計算した額を納付．毎事業年度に生じた損失について，準備金等で補塡できないものは政府が不足額を供給．

出典：『日本銀行百年史』および日本銀行法(1997年改正)に基づき筆者作成．

「アコード」とも言われたこの共同声明が、日銀法第四条がすでに存在しているにもかかわらずなぜ必要とされるに至ったか、本当に必要であったのかについては議論のあるところですが、このことについては後でまた触れます。

日銀法はさらに、政策委員会の金融政策決定会合に、財務大臣または経済財政政策担当大臣（代理人を含む）が出席して意見を述べることができるような仕組みを整えています（第一九条第一項）。緊密な意思疎通という意味では、内閣、とりわけ首相・財務相と日銀総裁との間の個人的な関係も物事を円滑に進めていくうえでの一つの重要な要素になります。かつて米国のグリーンスパンFRB議長が定期的に大統領と朝食をともにして意見交換を行っているという話が伝えられましたが、示唆に富んだエピソードです。

政府と日銀の関係

政府と日銀との関係で一言しておかなければならないのが、同じく日銀法第一九条第二項で認められている、政策委員会に対する政府の**議案提出**および**議決延期請求**です。この点について、法律では「財務大臣は……できる」と書かれており、政府の「権利」とはされていないことに留意してください。このうち、議案が提出された例はありませんが、議決延期請求が行われたことは一度あります。二〇〇〇年八月に政策委員会が、一九九九年二月に導入されたいわゆる「ゼロ金利政策」を、「デフレ懸念の払拭《ふっしょく》が展望できるまで」という条件が整ったとして解除する、具体的には政策金利をゼロから〇・二五％に引き上げることが適当かどうかを議論した際の出来事です。政府がその議決を次の委員会まで延期することを求めたのに対し、政策委員会は、日銀法第一九条第三項に基づいてこの請求を否決し、解除を決定しました。

問題は、このことと、日銀法第四条が日銀に対して政府との間の緊密な意思疎通を図るよう求めていることとを、どのように整合的に説明するのかということです。後智慧《あとぢえ》と言われることを承知であえて言えば、政府と日銀の双方がこれほど短絡的な態度をとらず、もう少し余裕を持って意見調整を行い、議決延期請求とその否決というような角《かど》の立つ手段をとることを回避すべきだったのではないかという気がします。

結局のところ、この問題は、一般国民がどれだけ中央銀行を信頼しているかに尽きるように思われます。言うまでもありませんが、国民の信頼は、中央銀行が過去に蓄積してきた実績に大いに依存します。中央銀行としては、日々の一挙手一投足がみずからに対する国民の信頼形成に、したがってみずからの政策運営の独立性・自主性に直接響くものであることを強く自覚しつつ、みずからが行っていることについて十分に国民に説明し、納得を得る努力を続ける必要があります。国民のほうにも、目先の利益を強調して人気を得ようとする一部の政治家のパフォーマンスに目をくらまされることなく、中長期的に見て、何が国にとって、またみずから

の制度比較

イングランド銀行(BOE)	欧州中央銀行(ECB)
目的は物価の安定．それに反しない限りで，成長と雇用を含む政府の政策を支援．物価安定の定義は毎年財務相が決定し，BOEへ通知．	主たる目的は物価の安定．この目的に反しない限りでEUの目的達成に寄与すべく，その一般的経済政策を支持．
総裁，副総裁2名，内部委員2名および外部委員4名によって構成される金融政策委員会で決定．(他に，金融システムの安定を目的とする金融安定化委員会がある)．	ECB理事(理事会は総裁，副総裁，理事4名で構成)および，ユーロ加盟国中央銀行(NCB)総裁15名よりなる政策理事会により決定(NCBの投票権はローテーション)．
非常事態において公益のため必要とされた場合，財務相は(総裁と協議の後)，一定期間に限り金融政策に関し指示を下すことがある(国会の承認あれば期間延長)．	金融政策の運営に際し，EUのいかなる機関・組織・国家からも指示を受けない．国等は指示をしてはならない．
総裁他役員は女王任命．総裁(任期8年)，副総裁(任期5年)．金融政策委員会外部委員4名は財務相任命(任期3年)．内部委員2名は総裁が財務省と協議のうえ任命(1名は金融政策，1名はオペレーションの専門家)．役員が同意なしに3カ月間欠席・破産・機能不全の場合には財務相と協議のうえ，これを罷免することができる．	理事は加盟国の総意(欧州議会と協議)で選任(任期8年)．義務履行困難あるいは著しい非行があった場合には罷免可能．
国有．	NCBがECBに出資(人口・GDP規模により計算)．
剰余金から政府に配当を支払う(25%)．	ECBの剰余金は，準備金を積み増したうえで出資NCBに配分．

主要中央銀行

	連邦準備制度(FRB)
政策運営方針	雇用の最大化，物価の安定，安定的な長期金利の維持という目標を推進するために，長期的な見地に立って，潜在生産力に見合った通貨・信用量の供給を維持する．
政策決定機構	議長，副議長1名を含む理事会理事(7名)および地区連銀総裁(5名)によって構成される公開市場委員会(FOMC)で決定(12地区連銀総裁の投票権はローテーション．ニューヨークは常勤)．
政府との関係	
役員任免	理事は上院の同意を得て大統領が任命(任期14年). 理事のうち1名を上院の同意を得て大統領が議長に任命(任期4年). 大統領は，任期中の理事を理由なくして罷免できない.
資本金	国法銀行は各地区連銀に加盟(義務)・出資. 州法銀行は希望により加盟・出資.
予　算	理事会の費用は地区連銀が拠出.
剰余金処分	経費差引後の利益から配当(6%)を行い，剰余金を財務省に移管(国債の償還に充当).

出典：各国の中央銀行法条文に基づいて筆者作成.

にとって真の利益になるのかという観点からこの問題を考えていくという態度が求められています。

2　インフレターゲット論

インフレターゲットとは何か

インフレターゲット政策とは、中央銀行が、ある特定の物価上昇率を目標(ターゲット)として掲げ、その実現をめざす政策であって、中央銀行の**コミットメント**(**フォワード・ガイダンス**)、あるいは**コミュニケーション戦略**の一つと位置づけることができます。広義のインフレターゲットには、特定の目標値を掲げるもの(たとえば二%)、その上下に若干の幅を持たせるもの(二%プラスマイナス一%など)、目標値として掲げてはいないが、それに相応する数値を挙げ、実質的にそれを意識しつつ政策運営を行っているもの、の三種類があります。ターゲットの設定主体は、政府、中央銀行、あるいは政府・中央銀行の共同作業とさまざまです。

インフレターゲット政策は、一九八八年のニュージランドでの採用がその始まりとされていますが、その後、当初の硬直的な運営ぶり(たとえば、短期的にも目標が達成できない場合は中央銀行総裁を罷免《ひめん》することが可能)からしだいに柔軟性をもったものへと変化してきました。

現在広く通用しているのは、インフレターゲットとは、足元の目標達成よりは中期的な物価と経済の安定化をめざす政策である、という理解であり、これを**フレキシブル・インフレターゲット政策**と呼んでいます。その意味では、表現の差はあれ、すべての中央銀行はインフレターゲット採用国であると言ってもよく、要はスタイルの違いと言っていいでしょう。

ただ、「ターゲット」という言葉の持つ語感――ある特定の数字を掲げ、あらゆる手段を講じて（場合によっては時期まで決めて）その実現をめざし、実現しない場合にはその責任を問う――を嫌う中央銀行は、より柔軟かつ間接的な表現を好むということであって、そのために「ゴール」とか「目途」とかいう言葉が使われてきました。この点、できるだけ早期に（二年程度を念頭に）二％の物価上昇を実現することを目標に掲げる（できない場合は辞任も覚悟という意向であると伝えられる）日銀の黒田新体制の政策運営姿勢はやや異質とも言えます。

インフレターゲットを採用することを避けている中央銀行は、物価変動の背景には、金融以外に構造的な要因、そのほかさまざまな非金融的な要素があり、それらを無視して金融政策のみに特定数値を実現する責任を負わせることは適当ではないという認識を持っています。米国のFRBが、実質的にはターゲット設定に近いスタンスをとっているにもかかわらず、さまざまな場においてそれがターゲットではないということを強調し、ターゲットという言葉を用いることを避けて、「ゴール」ないし「閾値《いきち》」という言葉を使用しているのはその一例です。

欧州のECBも、みずからをインフレターゲットを採用している中央銀行とは位置づけていません。ECBが採用しているのは、物価安定の定義を示し（消費者物価前年比プラス二％未満で二％の近辺）、その実現が使命であることを表明するという間接的なスタイルです。

英国では、政府が毎年目標値を設定し（二〇一三年の目標値は二％）、BOEはそれを実現すべく努力する、という枠組みになっており、目標値の上下一％ポイントを超える物価変動がある程度の期間続いた場合には、総裁が財務大臣に、その理由と、それに対してBOEがとっている対応策を説明した公開書簡を発出することになっています。しかしながら、その扱いはきわめて弾力的であって、実際には実績値と目標値とが乖離《かいり》することが多く、総裁はそのつど何通もの書簡を発出していますが、そうかといって何か新たな政策措置がとられるというわけではなく、また、それが大きな政治問題に発展するということもありません。つまり、ターゲットとはいうものの、きわめて弾力的な扱いがされているということです。

日銀とインフレターゲット

日銀は当初、物価安定を使命とするとしつつも、それがどういう意味であるかを数値で明示してきませんでした。事実、ある時期には、「インフレでもデフレでもない状態」という表現をしていたこともありました。しかしながら、これに対して、「それでは同義反復で、何も言っていないことに等しいではないか?」という批判があったこともあり、二〇〇六年に、「中長期的に見て実現すべき物価の安定」についての各政策委員の「理解」を示すというスタイルをとることとしました。当初その「物価安定の理解」とは、「消費者物価指数で見た場合の前年比が〇〜二%程度、中心値が一%程度」ということでした。中心値とは、各委員の数値がもっとも多く集まっているところのことです。

その後、二〇〇九年にはこの文言が改められ、「消費者物価指数の前年比で二%以下のプラスの領域にあり、大勢は一%程度が中心」とされました。これには、デフレ脱却が急務であるとされている状況でありながら、日銀は物価上昇率ゼロを好ましいと考えているのではないかという世間の疑念を晴らしたいという意図が込められています。ただこのときは、物価安定についての各委員の理解を示すという政策運営のスタイルそのものを変えることはありませんでした。

こうした日銀のスタイルは、しかしながら二〇一二年二月に変化します。「中長期的な物価安定の目途」の設定・公表が、それです。「前年比で二%以下のプラスの領域にあり、大勢は一%程度が中心」という文言には変化はありませんが、これまでの、各委員それぞれが持っている「理解」を示すというスタイルに対し、政策委員会全体が、組織として、物価安定の「目途」を示したところに違いがあります。英語版では「目途」は“goal”と訳されており、その前月にFRBが公表した物価安定についての長期的ゴールの設定に影響されたことは間違いありません。もともと「各委員の理解」ということについては、きわめてわかりにくいという批判が絶えませんでしたから、その意味で、この変更は、やはり日銀が、政策運営の透明性を向上させようという努力、コミュニケーション手法の改善の一つと位置づけることができます。

ところで、安倍首相は、二〇一二年一二月の政権樹立後、機動的な財政運営・成長戦略とならんで、大胆な金融緩和を三本の矢の一つとし、物価上昇率二％という数値を掲げて、その早期達成を金融政策の目標とすべきこと、それについて政府と日銀との間で「アコード」を締結することを求めました(アコードについては一五六ページ参照)。総裁罷免権・業務執行命令権を盛り込んだ日銀法の改正や、新総裁の任命権という刃を振りかざしての要求という姿勢が、政治の品位という観点から見ていかがなものか、という問題はありますが、衆議院総選挙における大勝(民意を代表)という旗印の持つ意味は大きかったと言えます。民主主義体制を是《ぜ》とする限り、直接選挙の洗礼を受けていない日銀がこれに抵抗するためには、よほど強烈な説得力ある反論をしなければなりませんが、それはきわめてむずかしいと言わざるを得ません。これが、二〇一三年一月に政府・日銀の共同声明が出され、そこで明示的に二％という「目標」が示されるようになった背景です。かくして日銀は、今や(狭義の)インフレターゲット中央銀行の一つと位置づけられるようになったと言ってもよいでしょう。

インフレターゲットのメリットとデメリット

狭義のインフレターゲットのメリットは明らかです。第一に、金融当局が発するメッセージとしてきわめてわかりやすいということです。そして、経済主体にとっては、金融当局への信頼がある限り、将来の活動のための基礎となる錨《いかり》（アンカー）の役割を果たします。ほとんどすべての金融学者が、その形式はともあれインフレターゲットの採用を支持しているのは、それが持つ、こうした期待を形成する機能を評価しているためです。

その一方で、狭義のインフレターゲットは、実現できなかった場合に、そのことの是非は別として金融当局にその責任を問うことができるという解釈を可能にします。政治家を含め一般にとってメリットとされるこの点は、行動の自由と柔軟性を尊ぶ金融当局にとっては問題となります。

もともとインフレターゲットは、インフレのリスクが高まった国において、それを抑える場合に効果を発揮すると考えられ、提唱されてきました。中央銀行としては、とかく緩和を好む傾向のある政府からの抵抗があっても、ターゲットがあることを理由に引き締め政策をとりやすいためです。インフレターゲットは、そうした場合に「錦の御旗」の役割を果たすことが期待されています。しかし、デフレの場合にはむしろ、ターゲットを達成するためには何が何でも金融緩和を推し進めるべきだという、中央銀行に対する「鞭《むち》」の役割を果たすことになります。

二〇一三年一月の日銀のインフレターゲットの設定については、二％という水準も議論の的になっています。各国の中央銀行が軒並み二％という数字を掲げているのは、消費者物価指数が傾向的に持つ上方バイアスという統計技術的な問題（その一つの原因は、新製品の導入や品質の向上が物価指数に十分に反映されないためです。第2章八四ページ参照）を考慮したということのほかに、あまりに低い目標値では、容易にまたゼロないしはマイナスに戻ってしまう危険があり、若干の**糊代**《のりしろ》（バッファー）が必要であるということ、企業活動を活発化させるためには、先端を走る企業に対し、努力が報われるように収益面である程度のインセンティブを与えることが必要であるといった考え方によっており、それについては取り立てて問題とすべき点はありません。名目金利がほぼゼロで、それ以上引き下げることができないという状況の下で、できるだけ高い物価上昇率を目標とすることは、消費や投資判断の基準となる実質金利を引き下げるという観点からも意味があるという議論はその通りです。

ただ、ここ十数年を平均してみると、日本の消費者物価上昇率は一％に届いていません。そうした状況の下で、突然短期間に二％を達成するというハイレベルの目標を打ち出すことは、果たして一般の信頼をつなぎとめることになるのかどうかが問われています。コミュニケーシヨン手段としてのインフレターゲットの期待形成力は、中央銀行がそれを達成する意思と能力があるということについての一般の信頼・信認にかかっています。一％以下の長期金利に慣れてきた金融機関の財務内容が、二％の物価上昇の下でどうなるかということも気がかりです。この場合は多額の損失が出るというシミュレーションも出ており、場合によっては金融システムの安定が脅かされる事態も予想されます。

ターゲットの設定主体

この問題は、ターゲットを設定するのは誰かという問題にも関係します。国家予算を策定する必要上、物価を含む経済の先行き見通しの作成は欠かせず、それは明らかに政府の仕事です。しかしながら、財政赤字を極力減らしたい政府としては、物価上昇率を高めに見積もり、名目GDPの成長率を嵩《かさ》上げすることによって税収増加を見込む誘惑に駆られることは否定できません。問題は、そのようにして作り上げられた数字を、ターゲットであるとして、金融政策の運営を迫られる中央銀行の立場です。

この点、インフレターゲットの設定に際しては、政府と中央銀行との間にきわめて緊密な意思疎通が必要であるということは強調してもし過ぎることはありません。その意味で、二〇一三年一月の共同声明の成立過程については、若干疑問の余地があります。

ターゲットについては、何はさておきそれを達成することが至上命令だ、というような態度に問題があることは言うまでもありません。二％の物価上昇を達成したければ、公共料金の値上げや消費税のさらなる引き上げを考えればよいという指摘がありますが、このことは、何が目的で何が手段かについての冷静な判断が求められていることを物語っています。

ターゲット実現過程での諸問題

安倍内閣出現後に進行した円安の影響は、まずはエネルギー価格などに現れ、やがてこれが食料品その他方々に波及していくことは必至の状況です。二％目標の達成という意味では望ましいこうした動きではありますが、国民の日常生活に及ぼす影響を考えると喜んでばかりもいられません。先に、体温と体温計との関係について触れましたが、身体の調子が悪くて体温が上がらないのに苛立《いらだ》って、体温計をこすって目盛りを上げてみても意味はありません。雇用や賃金は景気の遅行指標ですから、物価が上昇してもすぐ追いついていくというわけのものではなく、物価が上昇する一方で賃金がそのままということになると、勤労者は悲惨です。

安倍首相は経済界に働きかけて、極力賃金を引き上げるよう努力することを要請し、事実二〇一三年の春闘では、一部にそれを受けての反応と見られる動きがありました。しかしながら、こうした動きはなお散発的で、かつ大企業に限られており、これが広く一般的な流れになるかどうかは、企業収益と経営者の態度しだいというところがあります。一昔前ならば労働組合からの圧力があったのでしょうが、現在は様変わりといった状況です。

いずれにせよ、体力が回復した結果体温が上がる、というのが望ましいプロセスであり、安倍内閣および黒田体制下の日銀がめざすところもそれであるとは思われますが、現実にそうした思惑通りいくかどうかという疑念は依然として残っています。

物価の上昇はすなわち、それと同等あるいはそれを若干上回る金利の上昇を意味しますが、そのことは政府の資金調達コストが増加することでもあります。具体的には、新規に発行する国債の金利負担の増加であり、財政支出項目の一つである国債費の増加、したがって財政の悪化要因となります。既存の残高すべてについて金利コストが上昇するわけではないとはいえ、平均コストはジワジワと上がっていきます。物価上昇率目標の設定に際しては、こうした点も念頭におかなければなりません。

長期金利の上昇は、銀行、保険会社などの民間金融機関や年金基金のみならず、国債を大量に抱えている日銀自身の財務内容に影響を与える大きな要因でもあります。そこで発生する損失は、税や納付金の減少という形で財政収支を悪化させる要因となることにも留意しなければなりません。現在、日銀やFRBは、保有する国債について期末に評価損(キャピタル・ロス)が発生するような会計手法をとっていませんが、いずれ金融引き締めが必要となって国債を売却する場合には、売却損という形で問題となります。

学者の一部には、国債を大量に抱えた中央銀行は、みずからの損失の発生(資本金の毀損《きそん》)を恐れて、長期金利が上がらぬよう超金融緩和状態を維持するはずだ、という議論がありますが、中央銀行の資本金の持つ意味は一般の金融機関のそれとは異なっており、説得力のある議論とは思われません。そもそも中央銀行に資本金が必要かという議論もあります。ちなみに、日銀の資本金は一億円、準備金が二・七兆円、引当金が三・五兆円です。これに対して総資産は二〇〇兆円近くあります(二〇一三年七月末現在)。

ひところ、一部の学者グループは、日銀はキャピタル・ロスの発生を恐れて、長期国債を買い入れるのを躊躇《ちゅうちょ》している、デフレ脱却が急務だというのに、自分の損失だけを心配して必要な手を打たない、自分の軒先だけをきれいにしておくことに専念しているのは問題だ、と言っていました。確かに、日銀の損失はすなわち政府の損失でもあるわけで、その間に仕切りを立てて行動を起こさない理由にすることは、合理性を欠いたセクショナリズムだと言うことはできます。しかし、市場には、日銀の資産内容の悪化は、すなわち通貨価値の毀損であるというシナリオを描き、それを材料に円売りを仕掛ける向きもありますから、まったく問題にならないというわけではなく、注意して見守っていかなければならない点の一つであることは確かです。

　ちなみに、旧日銀法には、日銀の損失に対して政府が補塡《ほてん》措置を講ずるという条項がありましたが（一六三ページの表参照）、新日銀法にはそうした規定はありません。ということは、仮に日銀が大きな損失をこうむり、資本金補塡という話が出た際には、それが国会審議の対象になり、その責任をめぐって新たな論争が起こることが予想されます。各国の中央銀行についても同様で、損失補塡について規定している例は見当たりません。

名目ＧＤＰターゲットについて

　ターゲットを論じた機会に一言付け加えると、このところ、**名目ＧＤＰ**をターゲットとして金融政策を運営すべきだという声が高まっています。名目ＧＤＰは、一定期間に国内で生み出されたモノ・サービスの総量（純生産物）を市場価格で金額換算したものであって、生産（雇用）や物価上昇率を包摂《ほうせつ》する総括的な概念です。個別の物価上昇率や失業率の細々した動きを問題にするよりは、総合的な経済活動の変化を示す名目ＧＤＰをターゲットとすべきだという見解は相当程度の説得力を持っています。

　しかしながら、名目ＧＤＰの統計は何千何万というデータの集積であって、その作成には膨大な労力と時間を必要とします。また、推計の要素が多く含まれており、前提となるデータしだいで、こうした推計は大きく変化します。ＧＤＰの速報値と確定値がしばしば大きく食い違うのは、多くの場合そうしたことが原因です。こうした性格を持った指標を、実際の金融政策運営のターゲットとして採用することは果たして可能・妥当かという疑問がつきまといます。統計技術的な問題が解決するならともかく、現在のところでは、大方の実務家や中央銀行はこの提案について否定的です。

3　国債増発下の金融政策

白川体制下の金融政策の特色

二〇一三年三月には、白川方明総裁から黒田東彦総裁への体制交代がありました。白川体制については、金融緩和に消極的過ぎたという批判がついてまわるのですが、実は、以下に示すように、さまざまな緩和措置が繰り出されており、そうした批判は的を射ていないことがわかります。しかしながら、そのテンポや規模を見ると確かに慎重で、アグレッシブな緩和というには程遠いという印象があります。

おそらく白川総裁の頭の中には、わずかな「ニュース(情報)」でも、それをきっかけとして雪崩を打って一方に走る傾向のある市場の反応を考えたとき、理論的には納得しがたい措置であったとしても、とりあえずは何らかの対応策を講じざるを得ない。しかし、そうした対策の持つ副作用を考えると、どうしても慎重なスタンスを維持せざるを得ない。副作用の存在を指摘し、金融システム、ひいては経済全体の安定的な活動を維持することの重要性に注意を喚起することは、良心的であることを何よりも大切にする中央銀行としては当然の義務である、という考えがあったことと推察されます。

この結果、白川時代の金融政策が複雑になってしまったことは事実で、これを外部から見た場合、きわめてわかりづらいという批判となったことはある程度うなずけます。長期国債の保有残高を銀行券ルールの適用と適用外に区分したことなどは、その一例です。白川総裁に対しては、しばしば「市場とのコミュニケーションが足りない」という批判が寄せられたのですが、それは、こうした全体的な理論的整合性を何とかして保とうとするところから来る「わかりづらさ」が原因の一つであったと思われます。

ただ、それは、たとえて言えば、隅々まで心配りの利いた、均整のとれた平安朝の定朝様式の仏像の完成にいそしむ仏師に対して、円空仏の荒々しい鉈《なた》の跡が見えないと言って文句をつけるようなものではないかという気がしないでもありません。こうした慎重かつ良心的な行動は、金融緩和のインパクトを殺《そ》ぐとしてたびたび批判されました。事実、白川総裁時代の経済データを見ると、緩和措置が取られた当座、ごく短い期間は市場もそれに反応するが、それはたちまち消えて、また元の停滞傾向が続く、円高も、当座はいったん修正の動きが見えても、

2011年	3月	東日本大震災対応の緊急措置．金融市場に潤沢に資金を供給，金融資産買入等基金を増額(35兆円程度→40兆円程度)． 政府は欧米諸国とともに協調介入を実施．
	4月	被災地金融機関支援オペを導入．
	8月	政府は円高の進行に対して，為替介入を実施．日銀は金融資産買入等基金を増額(40兆円程度→50兆円程度)．
	10月	金融資産買入等基金を増額(50兆円程度→55兆円程度)． 政府による為替市場介入．
2012年	2月	「中長期的な物価安定の目途」を設定(「消費者物価指数の前年比で2%以下のプラスの領域にあり，中心は1%」という従来の表現は変えないが，これまでの委員各自がもっている「理解」を日本銀行が金融政策運営においてめざす「目途」に変更)． 金融資産買入等基金を増額(55兆円程度→65兆円程度)．
	4月	金融資産買入等基金を増額(65兆円程度→70兆円程度)．
	9月	金融資産買入等基金を増額(70兆円程度→80兆円程度)．
	10月	金融資産買入等基金を増額(80兆円程度→91兆円程度)． 政府・日銀共同声明の発表(共同してデフレ脱却に向けての取り組みを強化する)．
	12月	貸出支援基金の創設，(「成長基盤強化支援」のための資金供給に加えて，「貸出増加支援」のための資金供給を導入)． 金融資産買入等基金を増額(91兆円程度→101兆円程度)．
2013年	1月	新たな政府・日銀共同声明の発表． 「物価安定の目標」を導入(消費者物価上昇率前年比2%)． 金融資産買入等基金に関して，現行方式での買い入れ終了後の買い入れ方式の変更(2014年初から，期限を定めず毎月一定額の金融資産を買い入れる方式を導入．当面は長期国債2兆円を含む13兆円程度の買い入れを行う)．これらの金融緩和措置を，それぞれ必要と判断される時点まで継続する旨を宣言．
	3月	退任．

出典：日本銀行発表資料に基づき筆者作成．

白川総裁時代の金融政策措置

緊急時対応のための措置——リーマンショック後の金融システム安定化策

2008年 4月　就任.

2008年末〜2009年末.

CP・ABCP・社債買い切りオペ，オペ適格担保範囲拡大，銀行保有株式買い入れ，米ドル資金供給オペ，企業金融支援特別オペ，金融機関向け劣後特約付き貸付，国債補完供給制度の拡充，長期国債買い入れ額引き上げ(年14.4兆円から16.8兆円へ)，買い入れ対象となる国債の範囲を拡大，中銀間通貨スワップ取極締結．CP現先オペの積極活用，年末・年度末越え資金の潤沢な供給.

デフレ対応を主目的とする措置

2008年10月　政策金利を0.3%前後で推移するよううながす(2007年2月以降0.5%).

「補完当座預金制度」の導入(超過準備に付利．現在0.1%).

12月　政策金利を0.1%前後で推移するよううながす.

2009年 3月　長期国債買い切りオペ額を年16.8兆円(月1.4兆円)から年21.6兆円(月1.8兆円)へ引き上げ.

12月　3カ月もの固定金利オペを導入.

「中長期的な物価安定の理解の明確化」の発表(物価上昇率に関して，ゼロ%以下のマイナスの値は許容していないこと，物価安定の理解の中心は1%程度であることを明確化).

2010年 6月　「成長基盤強化支援」のための資金供給(当初残高上限3兆円，その後漸次拡大し，現在の残高上限は約5.5兆円，2013年6月末の実施残高は約3.8兆円).

8月　6カ月もの固定金利オペの導入.

9月　政府による為替市場介入(6年半ぶり).

10月　「包括的金融緩和策」の発表.

——政策金利を0〜0.1%程度で推移するよううながす(従来は0.1%前後).

——物価の安定が展望できる情勢になったと判断されるまで，実質ゼロ金利政策を継続する旨を宣言.

——「金融資産買入等基金」の創設(当初35兆円程度).

再び前にも増して勢いを増す、といったことが繰り返されてきました。こうした〝マイルドな〟金融緩和政策が利かないことは、ほかならぬ本人も十分承知していたはずですが、それにもかかわらず、心ならずもそうした政策措置をとらざるを得なかったところに総裁の悩みがあったのでしょう。

それにしても、就任早々のリーマンショック、相次ぐユーロ圏崩壊の危機、高水準の失業率の持続に代表される米国経済の停滞に加えて、東日本大震災という未曽有の事件に遭遇した白川時代は、まことに波乱に満ちた時期であったという感を禁じ得ません。それに加えて、当時の政権党が統制を欠き、一党の体をなしていなかった(何事も決まらず、右往左往している)ことも国民の気分を重くし、先行きについての不安感を募らせて、経済活動停滞の大きな原因になったと考えられます。国民全体が閉塞感にとらえられているときに、活発な消費や新規の投資が期待できないのは当然です。こうした雰囲気の中では、通常ならば明るい話題として取り上げられるはずの出来事も、ついつい悲観的に見てしまうということが起こりがちなものです。数々のメディアも、全体としてそうした風潮を助長したことは否定できません。

かつてグリーンスパンFRB議長の下で副議長を務めていたブラインダー教授は、「大いなる安定」をもたらしたとされるグリーンスパン議長の金融政策の運営手腕をたたえつつも、そこには「幸運」の要素があったとしています。しばしば人の一生を左右する、この偶発的な要素の存在は、金融政策の運営においてもまた当てはまるようです。黒田体制下の「思い切った金融緩和」も、白川時代のような内外環境の下で実施されていたならば、現在とはまったく異なる展開を示していたことでしょう。

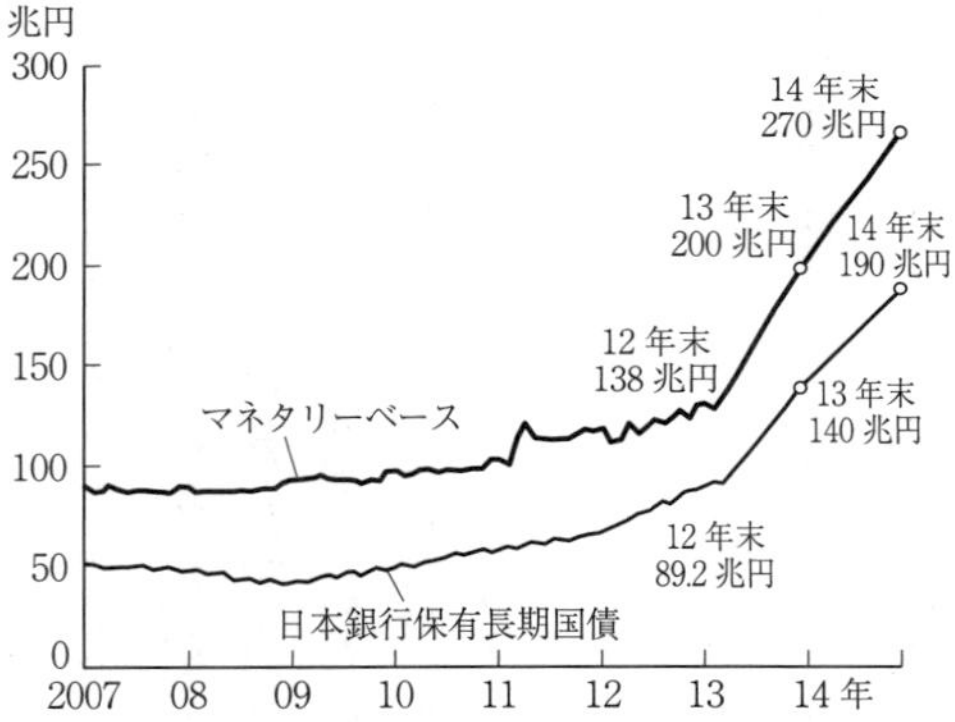

図表4-1　黒田体制下の量的緩和想定規模
出典：日本銀行の資料.

黒田体制下の量的・質的金融緩和政策

二〇一三年三月に白川総裁から任務を引き継いだ黒田総裁が議長を務める日本銀行政策委員会は、四月初めの第一回金融政策決定会合において、「量的・質的金融緩和政策」と称される新たな政策措置を決定しました。その概要は以下の通りです。ちなみに、量的・質的緩和政策(Quantitative and Qualitative Easing)は、QQEと略称されることもあります(図表4-1)。

物価安定の目標(消費者物価前年比上昇率二%)を、二年程度の期間を念頭においてできるだけ早期に実現し、これを安定的に持続するために必要な時期まで以下の緩和策を継続する。
1　金融市場調節の操作目標を、これまでの政策金利（コールレート）からマネタリーベース（銀行の準備プラス現金残高）に変更し、年間六〇兆〜七〇兆円のペースで増加させる。
2　長期国債の保有残高が年間五〇兆円のペースで増加するよう金融市場調節を行う。
3　買い入れる長期国債の残存期間を問わない（四〇年債をも含む）。買い入れ国債の平均残存期間を現在の三年超から七年程度と、国債発行残高の平均並みに延長する。
4　ETF、J-REITの買い入れを、それぞれ年間約一兆円、三〇〇億円のペースで増加する。

これにともない、これまでの金融資産買入等基金は廃止され、金融調節のための国債の買い入れ（通称**輪番オペ**）は新規措置に統合されることになり、同時に、銀行券ルールは一時停止されることになりました。CPと社債については、二〇一三年末までにそれぞれ二・二兆円、三・二兆円の残高になるまで買い入れを続け、その後はその残高を維持するという方針も打ち出されました。

これらの措置についてはこれまでの各章でも随所で触れてきましたが、改めてこうして全容を眺めてみると、その規模の大きさに目を見張ります。その結果、二〇一二年末に一三八兆円であったマネタリーベースは、二〇一三年末に二〇〇兆円、二〇一四年末には二七〇兆円に増加することが見込まれています。

この措置が実行されると、日銀の総資産がどのようになるのかは、先に見たところの欧米の中央銀行と比較した図表2-5（一〇〇ページ）が示していますが、注目すべきは、このペースだと、二〇一三年度中に発行が予定されている新規長期国債のうち、七割以上が日銀に買い取られる計算になるという点です。準備ないしはマネタリーベースの増加要因という点で、日銀の市中買い入れも、直接引き受けもその結果に変わりはありません。とすると、このオペレーションは、つまるところ中央銀行による**財政赤字のファイナンス**、すなわち日銀による実質的な国債の引き受けではないかという疑問が湧いてきます。事実、黒田総裁を招いての国会審議でも議論はこの点に集中しました。これまでたびたび出てきた、「金融政策の財政政策化」のもっとも顕著な事例です。

これに対して黒田総裁は、日銀としては、この政策を財政赤字のファイナンス、あるいは、実質的な引き受けである**国債のマネタイゼーション**とは考えておらず、またそのようなことを行うつもりもないと述べて、議論は平行線をたどりました。国債のマネタイゼーションとは、日銀が国債を引き受け、あるいは金融機関から買い入れると政府預金が増え、それが取り崩されて支出されると、民間の預金（マネーストック）が増える、そのことを指します。財政赤字のファイナンスも同じ意味です。すでに見たように、日銀は、昔から金融調節手段の一つとして長期国債を買い入れてきましたし、白川総裁時代には新たに「金融資産買入等基金」を設けて、相当額の長期国債を買ってきました。日銀による長期国債の買い入れを財政赤字のファイナンス、あるいは国債のマネタイゼーションと呼ぶならば、日銀は以前からそのようにしてきたということになります。一つの歯止めは、例の銀行券ルールであったのですが、白川総裁時代に金融資産買入等基金が設けられたときに、基金が買い入れる長期国債については適用除外にしましたから、今回の銀行券ルールの停止はその延長線上にあるわけで、何か突然新しい手を打ったというわけではありません。このように、どこからどこまでが財政赤字のファイナンスで、どこからがそうでないかについて、明確な数量的基準があるわけではないことが、この問題を複雑なものにしています。

二〇一三年度一般会計予算の規模は、九二・六兆円と前年の当初予算を二・二兆円上回ります。ファイナンスの面では、租税収入の増加見込みやさまざまな財政技法を凝らして国債発行総額を抑えたため、国債発行額は四二・八兆円、公債依存度は四六・三%と、前年度当初予算と比べると、若干改善したような姿になっています(前年度四四・二兆円、依存度四七・六%)。それでも国債発行による大幅な財政ファイナンスが必要な事態には変わりがありません。しかもこれは一般会計予算であって、特別会計で処理されている震災復興のための資金のファイナンスは含まれていません（復興債特別会計予算四・四兆円。復興債発行予定額一・九兆円）。すでに満杯に近い国債市場において国債消化がスムースに行われるためには、日銀による国債購入の規模拡大が欠かせないということがわかります。この観点からは、日銀の思い切った緩和はきわめてありがたいということになります。

かくして、インフレターゲット二％の設定と、日銀による国債購入額の大幅拡大とはペアの関係にあると言えそうです。もし、ある程度の期間が経過してなお二％の目標が達成できなかったならば、「もっと、もっと（大量に国債を買え）」という声が高まることは必定です。安倍首相は、「目標の設定は政府が行うが、その達成手段は日銀に任せる」と言いましたが、実際問題として手段は限られており、選択の余地はありません。後は、買い入れの時期とか頻度とかいう、きわめて技術的な問題だけです。

そこで、こうした国債の大量の買い入れがもたらすものは何かということが問題になります。黒田体制下の日銀は、ともかくも思い切った金融緩和によって準備と通貨量を飛躍的に増やし、景気を回復させることが先決であって、それによって民間の消費・投資活動が活発化し、所得が増加して税収が増え、財政赤字は縮小に向かう、と主張します（第一の矢）。

第二の矢は財政支出の増加ですが、一単位の財政支出が何単位のＧＤＰ増加をもたらすかを示す**財政乗数**にどの程度期待できるかは疑問であって、どちらかというと否定的な見解が多いようです。仮に国民所得が増えたとしても、所得・法人税を問わず、狭い課税ベースと国際的に見て最低に近い所得税率を特徴とする現在のような租税構造を前提とすると、それがただちに税収増加に結びつくかどうかも不明です。問題の消費税率の引き上げですが、これから五％程度引き上げても、まったく不十分であるという点で、論者の意見は一致しています。

第3章で見たように、政府は、二〇一五年度までに基礎的収支(プライマリー・バランス)の対GDP比率を二〇一〇年度(六・七％)に比べて半減し、二〇二〇年度までに黒字化するという計画です(一二五ページ)が、それはどうなるのか……。問題は山積しています。二〇一三年一月の政府・日銀共同声明では、日銀サイドがやるべきことはたくさん書かれていますが、政府サイドについては一言だけ、しかも、「持続可能な財政構造を確立するための取り組みを着実に推進する」という漠然とした文言だけであって、断固たるコミットメントを示す言葉や目標数値は見られません。米国で、具体的な数字を挙げた歳出削減策が実行段階に入っているのとは対照的です。

出口問題

中央銀行による財政赤字のファイナンス、ないしは国債のマネタイゼーションについて明確な数量的基準がないところで、何が中央銀行のパフォーマンスを評価する判断材料になるかと言えば、それはやはり、インフレターゲットが達成された際に、もしくは達成可能と予想される際に、中央銀行がどのような行動をとるかでしょう。これがいわゆる**出口問題**です。このように言うと簡単に聞こえますが、実際はこれほどむずかしい仕事はありません。国債を大量に買い入れた結果、中央銀行のバランスシートは極度に膨らんでおり、それを反映して短期市場金利はほぼゼロになっています。ここで、物価上昇率二%の目標が達成できるかもしれないという**期待**が市場に生まれたときに、金融政策はどのように対応すべきかが問われることになります。

二%達成が確実になり、場合によってはそれを上回る上昇率が予想される場合、インフレターゲットを奉ずるマネタリスト・アプローチによれば、マネタリーベースを圧縮すべきだ、ということになります。通常、マネタリーベースの圧縮は、中央銀行が保有する国庫短期証券や、CPなどの民間の短期証券を市場で売ること(売りオペ)によって行われますが、現状では短期の証券だけでは間に合わず、どうしても長期国債の売却を行って、準備を吸い上げる必要があります。

短期の証券と比べると、長期国債の売却は市場への影響が大きく、このオペレーションの結果、長期金利が急騰することが予想されます。金融機関その他も大量に長期国債を抱えていますから、損失を少なくするために先を争って売りを出す。それが長期金利のさらなる上昇を誘う、ということになります。黒田体制下の、いわゆる「量的・質的緩和政策」が実施されて以来、債券市場はしばしば神経質な動きを見せ、時に政策当局の意図に反した金利上昇が見られるようになっていますが、それはこうした可能性が念頭にあるからに違いありません。

おりから米国では景気回復の足取りが、しだいにしっかりしたものになりつつあるという認識が広がり、バーナンキ議長は、現在行われている緩和政策のテンポを緩める方針を明らかにしましたが、その影響は米国の長期金利に顕著に現れています。このことも、日本の長期金利の動きを複雑なものにする要因になっています。

このように、二％というターゲットが達成された後、ないしはそれが展望できる段階に達した際に、緩和策を元へ戻そうとすると、長期金利が上昇することは必至ですが、そのことは国債発行コストの上昇を意味しますから、政府筋からは日銀に対し、長期国債の売却を止めるようにという圧力がかかることが予想されます。あたかも、第二次大戦中のＦＲＢの国債価格支持政策を髣髴《ほうふつ》とさせる光景ですが、こうした状況下で、インフレターゲットを守る——今度はこれまでとは別の意味で——つまり二％を超えることがないように……という錦の御旗を掲げて、マネタリスト・アプローチの原則に従い、敢然《かんぜん》とマネタリーベースの縮小に動くことができるかどうか、そのときにこそ、中央銀行が現在行っている長期国債の買い入れが、構造的な財政赤字のファイナンス、国債のマネタイゼーションでなかったことが証明されることになります。

このようにいうと格好がいいのですが、しかしながらそのことは、中央銀行として、景気回復の妨げになる長期金利の上昇を放置していいのか、という問題を提起します。より厄介なのは、ターゲットの達成には程遠い段階で、市場が先回りして国債の売却を始める場合です。それによって生ずる長期金利の上昇は、せっかくの緩和の腰を途中で折ることになり、結果的にターゲットが達成できないという結果になる可能性があります。

それを防ぐためには、ターゲット達成が確実になった段階でも現在の金融緩和を継続する、という中央銀行の強いコミットメントが必要になります。景気回復の兆しが目立ち始めた米国で、FRBが現在腐心《ふしん》しているのはこの点であって、政策決定機構である公開市場委員会(FOMC)の声明文には、「資産買い入れプログラムが終了し、景気回復が強まった後も、現在の超金融緩和政策スタンスを相当期間続けることが妥当である」という文言が入れられています。

しかし、一見して明らかなように、こうしたアプローチには、インフレが進行するのを事前に止めることを困難にし、必要な手を打つのが遅れた結果、インフレないしは資産価格バブルがコントロールできなくなるというリスクが潜んでいます。

ターゲット達成前後の問題は、黒田体制だけではなく、実は白川体制下でも潜在していました。それだけではなく、現在、非伝統的金融政策をとっているすべての中央銀行が抱えている問題です。

　ＦＲＢは、二〇一三年六月のＦＯＭＣの後、声明文でではなく、バーナンキ議長の記者会見という形で今後の中長期債の買い入れプログラムの変更の可能性を示唆しました（今後年後半からしだいに買い入れペースを緩め、来年のなかばには買い入れを停止する）。それを受けて、というよりも、そうした動きを予想して、それ以前から市場では、株式は急落、長期金利は上昇、米ドルは他の通貨に比べて上昇するという波乱が起こり、それが新興国を含む世界中の金融・証券・為替市場に波及していきました。

　バーナンキ議長が強調しているように、これは買い入れのペースを鈍らせる（アクセルの踏込を緩める）ということだけであって、保有国債を売却して残高を減らす（ブレーキをかける）と言っているわけではなく、しかも、債券購入が終了した後も、現在の超金融緩和スタンスを続けると約束しているのですから、これに対する反応は明らかに過剰だったのですが、市場というはそういうものなのです。なお、エージェンシー債、ＭＢＳ債の売却は今回改めて否定されています。バーナンキ議長の慎重な政策運営の姿勢――経済・金融情勢の展開に応じて売却のテンポを緩めることもあれば早めることもある。場合によっては買い入れ額の引き上げも辞さない――は、翌七月に行われた議会証言でも繰り返し強調され、市場はようやく落ち着きを取り戻しましたが、新興国はなお強い影響を受けているようです。ちなみに、九月のＦＯＭＣ

では、経済情勢に照らし、当面現在の買い入れベースを続けるということが決定されました。ということで、問題は黒田体制に限られたことではないのですが、ただ白川体制下では、そうした政策がもたらす副作用、とりわけ長期金利上昇のリスクに常に目を向け、長期国債を買い入れる際にもできるだけ量を絞り、必要最小限とするとともに、そうした副作用の存在に市場の注意を喚起してきました。このことはFRBも同様であって、バーナンキ議長以下、現在とっている政策の効用(efficacy)と同時にデメリット(costs)についても常に言及しています（第5章二〇六ページ参照）。

一方、黒田体制には、そうした注意深いアプローチが、日銀の金融緩和の姿勢が弱いという印象を市場に与え、せっかくの措置の効果を減殺してしまったのだという認識があり、副作用について言及することは極力避けるという姿勢にあります。この点が黒田体制の特徴であって、この体制は、意図的にこうした形のコミュニケーション手法を選択したと言うことができます。副作用があることは承知しているが、今はそのようなことを言っているときではない。ただひたすらめざすところに向けて邁進《まいしん》すること、それだけだ、その後のことはまた後ほど考える、という姿勢です。

準備への付利と準備率の活用

ところで、長期国債の売却といった中央銀行資産の圧縮によることなく金融を引き締める、すなわち金利を引き上げる方法はないわけではありません。事実、バーナンキ議長はそのことについて何度も触れています。その一つは、中央銀行預金ないしは準備につけている金利を引き上げる方法、もう一つは、法定準備率を引き上げることです。

準備に金利を付けることが持つ意味についてはすでに述べました(第1章四三ページ)。法定水準を上回る準備に付けられている金利を引き上げることは、出口において中央銀行の資産規模を圧縮しなくても金利を引き上げることができる方法の一つです。銀行は、中央銀行への預金金利以下の資産運用に資金を向けることはないはずですから、自然、他の金利も上昇していきます。中央銀行の預金は原則として当座預金ですが、定期預金の設定も同様の効果を持ちます。準備が一定の期間固定されることが確実であるという点で、当座預金よりは安定性があるとも言えます。ＦＲＢはかなり早い段階で定期預金を設定しており、試験的にその動向を注視しています。

当座預金金利の引き上げにせよ、定期預金の設定にせよ、最大の障害はそれによって中央銀行の金利負担が増し、収益が減って国庫への納付金が減少するという問題です。このことは財政運営に直接影響するために、中央銀行だけで決められることではなく、場合によっては政治的な議論に発展する可能性があります。金融機関だけが、中央銀行から高い金利で預金することを認められることになり、それが国民の懐にも響くとなれば、国民一般にとっても看過できない問題であるからです。

もう一つの法定準備率の引き上げという手法は、かつての準備率操作を思い出させます。一昔前の教科書には、金融政策運営の三種の神器として、公定歩合操作、準備率操作、公開市場操作が挙げられていたものでした。準備預金制度は、金融機関に対し、顧客の預金残高に応じて一定比率を日銀においておくことを求めるものですが(第1章四二ページ)、その比率を上げ下げすることは、準備に対する銀行の需要を変化させ、短期金融市場の金利に影響を与えます。現在、公定歩合操作は政策金利操作に変わり、準備率操作は凍結されて、存続しているのは公開市場操作(マーケット・オペレーション)のみということになっていますが、出口に際して準備率操作を利用することができないかというのが、このアイディアです。

もともと準備率の操作は、特定の金融機関を狙い撃ちにして、その収益に影響を与える政策であることに加えて、短期金融市場に与えるインパクトがきわめて大きいところから、ここ何十年も使われなくなっていたものです。出口段階では大量の余剰準備を吸収する必要がありますが、準備の総量、したがって中央銀行の資産規模に大きな変化を起こすことなく、法定準備に相当する部分を引き上げることで余剰準備を一気に吸収する手段としては、考えられないことではありません。問題があるとすると、やはり、こうした形で特定金融機関の収益を左右するという点で一種の税と見てよい政策を、税法の根拠なくして行うことをどう考えるかということであろうと思われます。

第５章

デフレに対する処方箋

1　デフレ下の金融政策をめぐる議論

翁＝岩田論争と植田裁定

そもそも通貨とは、金融とは、というところから始まった金融政策を考える試みも、そろそろ終わりに近づいてきました。このあたりで、これまで出てきたいろいろな話を総括する意味で、過去に金融政策をめぐってどのような議論が交わされてきたかを簡単に振り返ってみます。

金融政策について、これまで鋭く意見が対立し、そのことが世間の話題になったことが何度かあります。その一つは、一九九二〜九三年ころの翁＝岩田論争と言われているものです。このとき、岩田規久男氏(当時上智大学教授、現日本銀行副総裁)は、最近の景況悪化・物価下落の原因はマネーサプライの伸びが小さいためであり、その責任は、マネーサプライの元となるマネタリーベースを十分に供給しなかった日本銀行にある。景気浮揚のためにはマネタリーベースを積極的に増やすべきである、と主張しました。

これに対し、翁邦雄氏(当時日本銀行調査統計局企画調査課長、現京都大学教授)は、最近のマネタリーベースの伸びの低さは、準備率の引き下げといった技術的な要因によるものである。より中期的なマネーサプライ低迷の背景には、資産価格の低下という全般的な現象がある。現行制度の下で、岩田氏の言うようなマネタリーベースのコントロールを行うことは現実的ではなく、また有効性に乏しい、と反論し、両者の間で激しい論争が繰り広げられました。

この論争は、植田和男氏（当時東京大学助教授、現同大学教授）の名をとって、**植田裁定**と呼ばれている論文によって一応の決着を見たのですが、その骨子は以下のようなものです。

政策金利を一定水準に保つことを目標として運営されている現在の金融政策においては、マネタリーベース、すなわち銀行の準備残高と現金残高との和は、中央銀行にとっては、いわば外部から与えられたものと言うことができる。なぜならば、現行の準備預金制度の下では、銀行の準備に対する需要は、原則として顧客預金の残高の平均値と法定準備率によって決定されるからである。一方、現金残高は比較的安定している。このとき、中央銀行がマネタリーベースの水準を意図的にコントロールしようとして、準備の供給を必要以上に拡大ないしは縮小しようとすると、短期市場金利は大幅に変動する。すなわち、政策金利を一定の水準に維持することは困難である。

しかし、見方を変えて、長期的な観点から考えると、中央銀行は、政策金利の変更を含む金融引き締めないしは緩和政策を推進することによって経済活動に影響を与え、そのことが顧客の預金残高を、したがって準備預金法によって定められた準備の残高を変化させることができる。すなわち、中央銀行の金融政策の運営は、結果的に銀行の準備需要に、したがってマネタリーベースの水準に影響を与えることができる。

現時点でこのときの論争を振り返ってみると、いくつかのことに気がつきます。まず岩田氏は、今日に至るまでそのスタンスを変えておらず、その意味では首尾一貫していると言えます。一方、翁氏の主張は、中央銀行は、短期的に一定水準のプラスの政策金利を維持しなければならないという前提を置く限り正しく、岩田氏のように金利が大幅に変動してもかまわない、場合によってはゼロになってもいい、というスタンスをとっていません。

このように見てくると、この議論は、そもそも同じ土俵の上で行われていなかったという印象であり、そのことを指摘したところに植田裁定の意義があります。

その後、各国とも政策金利の引き下げが続いて、ついに実質ゼロの水準に達し(ゼロの限界、zero lower-bound: ZLB)、しかも、日常の金融調節の範囲を超えて大量の長期国債を買い入れることが当然のように行われている、昨今のいわゆる非伝統的金融政策の下で振り返ってみると、翁＝岩田論争それ自体は今や過去の出来事となったという感がありますが、今日のさまざまな金融政策論議を考えるうえで、それが持つ意義は依然として大きいものがあります。

リフレ派と反対派の主張

金融政策をめぐる論争が、いま一度盛り上がったのは、二〇〇〇年前後の日銀のゼロ金利政策、すなわち、政策金利をゼロ近辺に抑えることを目的として金融調節を行った時期、そして、その後、約五年間続いた、いわゆる量的緩和の時代、すなわち、銀行の準備に目標値を設け、それを維持する政策をとったときです。多岐多様かつ広範な分野にわたる論争の跡を細かくたどることはできませんが、大まかにその概要を述べれば次のようになります（巻末の主要参考文献参照）。論争に登場した人々の顔ぶれとそのスタンスは、一〇年余りの時間が経過したにもかかわらず今もほとんど変わっておらず、この問題の根深さ、むずかしさを物語っています。この論争は今もほぼ同様の形で続いていますが、当時は少数派、異端の説であったいわゆるリフレ派が、今や日本銀行の中核にあって、政策運営の責務を担っているところが最大の違いです。

Ａ　リフレ派の主張

デフレ問題に対処するために短期金利の引き下げを続けていった結果、実質ゼロの水準に到達した場合でも、「アグレッシブな金融緩和」を行えばデフレから脱却できる。

「アグレッシブな金融緩和」とは、次のようなものである。

（１）一段と潤沢な準備を供給して政策金利を極限まで引き下げ、それを維持するというコミットメント(約束)を行う。それによって、持続的な金融緩和政策への信頼が確保され、将来の資金調達についての不安が払拭される。

(2) そうしたコミットメントが信頼を得るためには、そのメッセージが明快かつ断固たるものでなければならない。超金融緩和策を、「いついつまで、あるいは一定の条件が充たされるまで」継続すると宣言するのはその一つであるが、より優れているのは、インフレターゲットの設定である。

(3) 準備を供給する際には、長期国債、外国債券、株式その他、従来の短期の証券以外の資産を購入する。それによって、それらの資産の需要と供給のバランス、したがってその価格(利回り)を変化させることができる(ポートフォリオ・リバランス効果)(第2章九二ページ参照)。そうした価格の変化は相互に影響を与えあうが、その一環として円安も進むはずである。中央銀行が、何らかの思い切った行動に出ることが各経済主体にショックを与え、その予想形成と行動態様を根本的に変化させることになる。いわゆるレジーム・チェンジである。

B　反対派の主張

(1) 民間に資金需要がなく、かつ法定準備をはるかに上回る準備がすでに供給されている中で、準備のさらなる積み増しを図ることは実務上困難である。中央銀行による長期国債の買い増しは、基本的には民間が保有している国債の満期に至るまでの期間別構成を変えること、すなわち**国債管理政策**の一環と考えるべきであって、本来、財政当局の仕事である。また、国債以外の民間債務の買い入れは、政府が行う財政政策の一種であって、中央銀行には馴染《なじ》まない。

(2) インフレターゲットを議論する際には、金融政策の透明性やアカウンタビリティ(説明責任)向上の手段としてのそれと、物価上昇率引き上げのための手段としてのそれとを明確に区別する必要がある。前者はいわば当然のことであるが、後者については問題がある。ターゲットの設定だけでデフレが止まるわけはないからである。

(3) 経済主体の予想は気まぐれに変動し、バブルを生み出す可能性がある。経済主体の予想や行動は、政策当局者の発言で簡単に誘導できるものではない。

(4) 実体経済面において、デフレからの脱却を妨げている要因が山積している状況の下では、マネタリーな面から一挙に事態を改善することはむずかしい。実体経済面から需要を喚起する新しい力が働かないと、金融緩和も活きてこない。

(5) 金融政策の効果を分析する場合には、それが経済主体のインセンティブにどのように働きかけ、それによって、経済主体の行動がどのように変化するかを詳細に見極める必要がある。「期待」は漠然と生まれるものではない。

このように見てくると、現在の金融政策を巡る論議はすでに十数年前に尽きていると言っても過言ではないように思われます。リフレ派の主張に反対する者も、デフレが深刻化し、デフレスパイラルに陥るような状況になれば、アグレッシブな金融緩和を行うことを否定しているわけではありません。そうした状態にないにもかかわらずアグレッシブな政策をとることに対して、それが随伴するリスクや副作用が大き過ぎるとして注意を喚起しているのです。

非伝統的政策の効用と副作用

ＦＲＢのバーナンキ議長は、非伝統的金融政策の効用(efficacy)と副作用(cost)のバランスに留意しているといつも述べています。たとえば、二〇一二年八月のジャクソンホール・コンファランスでは、次のように言っています。

＊非伝統的金融政策の効用
長期金利の低下と労働市場の改善に貢献する。

＊その副作用ないしはコスト

FRBが債券市場で支配的な買い手になる結果、民間の取引が細り、市場機能が低下する。

FRBのバランスシートの拡大は、FRBが有効な出口戦略を持っているかどうかについての疑念を抱かせる。

長期金利の持続的な低下は、投資家のリスクテイクをうながし、金融システムの安定性を損なう恐れがある。

金利が上昇した場合、FRBが損失を被る可能性がある。

結論として、議長は、非伝統的な政策が経済活動やインフレに及ぼす効果は不明確であり、伝統的政策よりも副作用が大きい。広範でバランスのとれた経済政策の組み合わせでようやく達成できることを、金融政策だけで成し遂げようとしても無理である、と述べています。

リフレ派・反対派の論争再論

先に述べた、二〇〇〇年前後の論争において、リフレ派の代表格(今もそうですが)であった岩田氏の主張をもう少し詳しく見てみましょう。

・政策提言

＊二％前後のインフレターゲットを採用して、それを最終目標とし、マネーサプライの伸び率を中間目標とする金融政策に転換すべきである。それを実現するために、長期国債の買い切り枠を拡大すべきである。

・マネーサプライ増加の効果

＊マネーサプライの増加、それによる物価の上昇が実質金利の低下をもたらし、それが消費や投資を活発化させる。

＊株価等の資産価格が上昇し、資産効果に期待できる。

＊金利の低下による為替レートの円安化が輸出を促進する。

＊借り手の財務内容が改善し、それが消費・投資意欲を高め、資金需要が増加する。

＊貸し手の財務内容が改善すると、増加する資金需要に応じて貸出を増加させることができる。そのことがまたマネーサプライの増加要因となる。

・長期国債買い切りオペレーションが望ましい理由

＊日銀の伝統的な資金供給手段は、手形や短期国債の**現先オペ**（一定期間後売り戻すことを条件に証券を買い入れる）であるが、それでは銀行は近い将来の資金調達の必要性を意識せざるを得ず、積極的な運用が妨げられる。

＊長期国債の買い増しは、当面返済不要のため、銀行の貸出意欲が強まり、そのことがマネーサプライのいっそうの増加をうながす。

＊長期国債の買い切りは、為替介入の非不胎化（第3章一四七ページ参照）と同じくマネタリーベースの増加要因であり、金融緩和に寄与する。

＊長期国債の買い切りは、日銀の評価損、あるいは、売却した際に売却損が生ずるリスクがあるが、政府と日銀は一体であって、日銀のロスそれ自体を問題にすることは意味がない。

＊長期国債の買い切りは、期間リスクプレミアム（第1章三三ページ参照）を縮小させ、長期金利の低下をうながすが、それ自体は目的ではない。それを目的とすると、景気が回復し、完全雇用が達成された後で、長期金利が今後のインフレ期待を反映して上昇した際に、それを抑え込もうとして、買いオペをさらに増額せざるを得なくなるという悪循環に陥る。

この最後のポイントは、岩田氏も、第4章（一九〇ページ）で見た「出口」の段階で起こるであろう問題を意識していたということを示す意味で、興味深いものがあります。黒田体制スタート後、二〇一三年五月から六月にかけて起こったことは、デフレ脱却が進まないにもかかわらず、つまり、まだ出口はまったく見えていない段階にもかかわらず、長期金利が上昇し出したということ、それに対して市場が「もっと、もっと(国債買い入れを増やせ)」と催促し、日銀がその対応に追われたということでした。その意味で、問題はさらに複雑なものになっています。

岩田氏の関心はあくまでもマネタリーベースないしはマネーストックにあり、金利は結果に過ぎないと見ていることがうかがわれます。そして、その背後には、たびかさなる批判・反論にもかかわらず、マネタリーベースないしはマネーストックと、GDPや物価との関係は決して崩れていないという強固な「信念」があります。

一方、反対派の言い分は次のようなものです。

＊ゼロ金利政策の効果は市場参加者の期待に依存する。期待以外には理論的根拠をもたないため、政策効果は一定でない。マネタリーベースの拡大が金融政策に関するメッセージを伝えるのに役立つと市場参加者が思えば、たとえ錯覚でも何らかの効果はあり得る。

＊ゼロ金利下での従来型のオペレーション(準備の供給)は、日銀当座預金と国庫短期証券という、完全に代替的な二つの資産を入れ替えるに過ぎず、追加的な緩和効果を持ち得

ない。緩和効果を狙うならば、長期国債や外国債券といったマネタリーベースとの代替性の低い金融資産を購入する必要がある。

＊長期国債の買い切りオペを増額する効果は、ポートフォリオ・リバランスを通ずる長期金利の低下と、資産の担保価値の変化等によって引き起こされる銀行貸出の変化である。

＊外国債券の買い入れは、ポートフォリオ・リバランスを通じて自国通貨の減価を図る措置である。

＊こうした効果が期待できる条件は、経済主体の期待形成への積極的な働きかけである。したがって、通常の予想をはるかに上回る規模のオペレーション、すなわちアグレッシブな金融緩和でなければならない。マイルドな金融緩和の効果は少ない。

このように見てくると、リフレ反対派も、リフレ派が強調する「思い切った金融緩和策」の実施とその効果自体を否定しているわけではないことがわかります。反対派が強調するのは、むしろそうした政策に潜むリスクないしは副作用であって、この点についての見解は次のようなものです。

＊長期国債の買い切りオペには、少しずつ加減しながら、というマイルドなものと、アグ

レッシブなものとがあり得るが、マイルドな長期国債買い切りオペは、長いタイムラグと不確実性をともなう。一方、アグレッシブな買い切りオペはきわめて不確実性が高く、一か八かの賭けに近い。

＊アグレッシブな買い切りオペが財政規律の強化をともなわず、日銀による財政赤字ファイナンス、つまり国債引き受けに等しいと認識された場合には、国債の信用リスクプレミアムが上昇する可能性があるが、そのことは名目長期金利の上昇を意味している。また、買い切りオペがインフレ見通しを変化させると、名目長期金利が期待インフレ率以上に上昇する。すなわち実質長期金利が上昇して、景気を悪化させる恐れがあり、それにともなって財政収支も悪化する。

＊日本銀行に生ずる国債の評価損は、いずれマネタリーベースを元に戻していく過程（長期国債の売り戻し）で実現損になり、財政を圧迫する要因となる。金融機関が保有している国債に生ずる評価損・実現損は金融機関の財務内容を圧迫し、金融システムの安定性に影響を及ぼす。

以上のような分析を経たうえで、結論としては、次のようになります。

＊日本経済がデフレスパイラル（デプレッション）に陥る懸念が生じるような景況悪化に直面した場合には、長期国債のアグレッシブな買い切りオペにコミットすることは正当化される（たとえ効果は不確実であっても、あえてリスクをとる）。この場合、一定期間、一定量に限ることを宣言して行うことは、市場への期待形成という点で効果を減殺するため、量も期間も限定せずに行うべきである。

＊しかし、景気停滞で物価上昇率が若干マイナスといった状態が続くような場合に、アグレッシブな買い切りオペを行うことは、リスクと不確実性が大き過ぎ、検討の対象にならない。

2　金融政策の波及過程再考

マネタリスト・アプローチの問題点

第1章では、金融政策の波及経路について、ケインジアン・アプローチとマネタリスト・アプローチという二つの考え方があることを述べました（四八ページ）。後者は、中央銀行がマネタリーリザーブないしはベースマネーを拡大すればマネーストックが増え、それによって実体経済が活発化する、物価は上昇し、成長率が上がると主張していました。とすると、現代のリフレ派はマネタリスト・アプローチの信奉者なのでしょうか。直感的にはその通りと言いたくなるのですが、マネタリスト・アプローチは、かつての古典的・牧歌的な時代に比べると大きく変質しています。

そもそも、古典的なマネタリスト・アプローチには、次のような理論的欠陥があることが指摘されてきました。

まず第一に、通貨数量説MV＝PTですが、マネタリスト・アプローチでは、通貨量（M）の増加とその回転率（V）の上昇が、価格（P）の上昇と生産量（T）の増加をもたらす、とされています。しかし、仮にそうだったとしても、通貨量の拡大と通貨の回転率の上昇の影響が、物価に現れるのか生産量に現れるのかは明らかではありません。状況しだいでその影響がすべて物価に現れた場合には、まさにインフレそのものです。マネタリストは生産量にも必ずその影響が及ぶはずだと言いますが、その保証はありません。

広義の物価には賃金が含まれているはずですが、賃金上昇をともなった物価の上昇ならともかく、賃金が上昇せず、物価のみが上昇したとしたら問題です（第4章一七六ページ）。ここで、政府が主導して、企業に対し賃金水準を引き上げるよう要請する政策をとっては、という「逆所得政策」提案が出てくるのですが、そういうアプローチは、賃金の決定が私企業に任されている資本主義社会とは基本的に相容れないものです。かつて、賃金上昇圧力が強く、そのために高いインフレ率に悩まされていたニクソン大統領時代に米国で採用された所得政策は、政府が、企業には利益の圧縮を、労働者には賃上げの抑制を呼びかけるものでしたが、結果は失敗に終わったというのが定説になっています。

次の問題は、暗黙のうちに通貨の回転率（回転速度）がおおむね一定とされているところにあります。通貨の回転速度は、さまざまな理由で大きく変化します。災害等の危機に備えて、あるいは当面使用する目的がないが、とりあえず手許においておこうという予備的な保有動機によって回転速度が極度におそくなるということもありましょう。いわゆるタンス預金です。そうした際に通貨の量を増やしても、ＰＴが増える保証はありません。

また、一般物価が安定しているからといって安心していると、株式や不動産といった資産価格が上昇してバブル状態になっているという、かつて日本や欧米が経験した問題もあります。マネタリストは、そのときは通貨の量を絞ればいいというのですが、資産価格バブルを終息させるほどの規模の通貨量の収縮は、長期金利の急上昇を招いてデフレをさらに深刻化させることになるために、現実的な提案ではありません。どのようにしたら、市場に混乱を巻き起こすことなく通貨の量を収縮させることができるかは、「出口」論の問題です。いったん大きく膨れ上がったベースマネーを収縮させることは、口で言うほど簡単ではないのです。

この議論では、当然のようにＭＶが原因でＰＴが結果だとしていますが、ここにも大きな問題があります。この式は、事後的には常に成立する恒等式であって、因果関係については何も言っていないのです。ケインジアン・アプローチが言うように、実体経済の活発化(物価上昇、生産量拡大)の結果、その反映として通貨量が増加するということは優にあり得ることです。因果関係の方向がどちらのほうに向いているのかを探る理論的な研究もありますが、十分に納得できるような結論は得られていないようです。

マネタリスト・アプローチについて指摘しておくべき二番目の問題は、信用創造説、すなわちM＝R／r(M通貨量、R準備、r準備率)の安易な適用です。準備の供給者は確かに中央銀行ですが、通貨量増加の主役は、預金を取り扱っている金融機関です。預金取扱金融機関の信用供与(貸出ないしは証券購入)があって初めて顧客の預金は増加し、その結果、法定準備の積立義務が生ずるというのが順序であって、中央銀行が準備を増やしたからといって金融機関の信用供与が自動的に増えるわけではありません。金融機関が信用を供与するためにはそれなりの環境が整っていなければなりませんが、それには、金融機関の財務内容、借り入れる人の信用度、借り入れプロジェクトの収益性・将来性、広くは日本経済・世界経済の先行きについての見方等々が絡んできます。

図表5-1には三つの線が描かれていますが、その一つは、マネタリーベースに対するマネーストックの比率、すなわち信用乗数を表しています。信用乗数は通常、準備に対するマネー

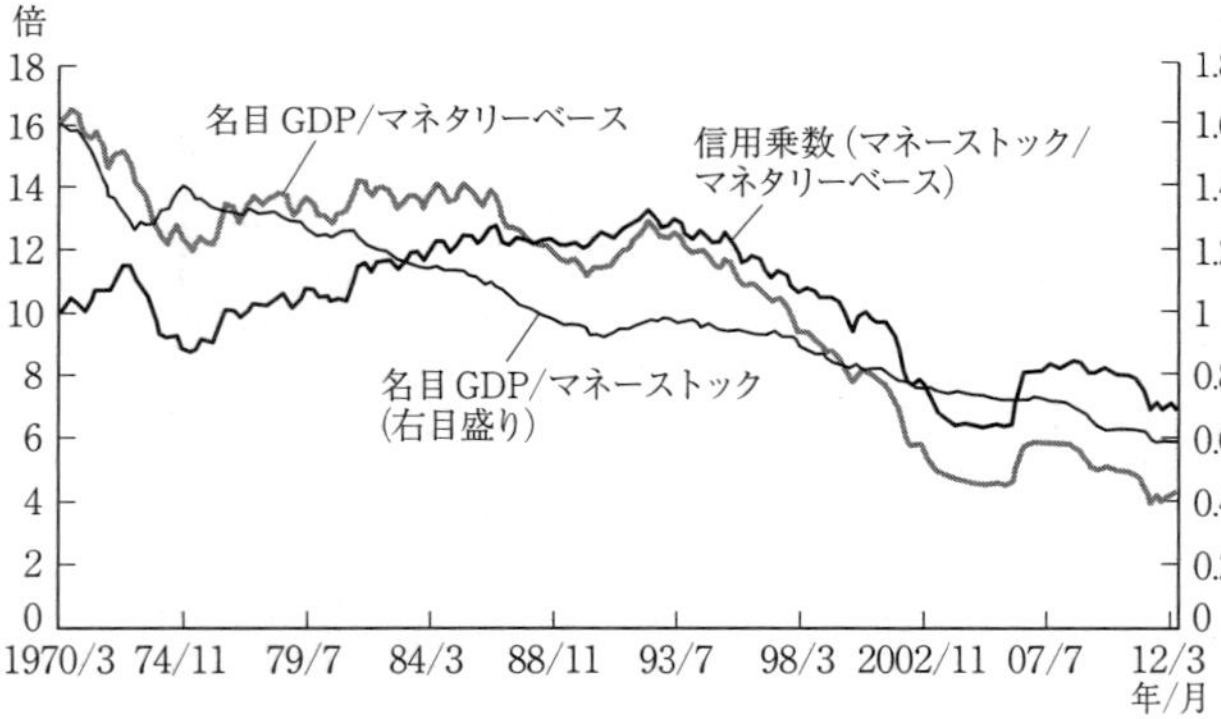

図表 5-1　信用乗数等の推移

出典：梅田前掲書に加筆.

ストックの比率で表されますが、分母を、準備に現金を加えたマネタリーベースにしても同じことです。このグラフで、もし信用乗数が安定的であれば、それは、マネタリーベースを一単位増加させれば、その何倍かのマネーストックが生み出されるということを意味しています。しかし、図が示すように、この比率はまったく安定的ではありません。一九九〇年代後半から二〇〇〇年代初めにかけてのゼロ金利政策あるいは量的緩和の時代には、その比率はほぼ一貫して低下しています。つまり、マネタリーベースをいくら増加させても、それに見合うようなマネーストックが生み出されなかったということを意味しています。

この図は、マネタリーベースないしはマネーストックと名目GDPの関係もまた、決して安定的ではないことを示しています。この図には示していませんが、物価上昇率についても同様のことが言えます。つまり、実際の経済は、マネタリストが言うように、マネタリーベースを増加させればマネーストックが増え、それが成長率を高め、物価を押し上げる、というような、単純なものではないということです。

第2章で述べたことの繰り返しになりますが、その昔、戦後復興から高度成長期にかけては、当然のことながら企業の資金需要はきわめて旺盛でした。しかし、全般的に金融資産の蓄積が乏しい中では、資金の調達はほぼすべて銀行からの借り入れに頼らざるを得ませんでした。

銀行が企業の資金需要に応じて貸し出しを行えば企業の預金が同額増えますが、銀行はそれに対して法定準備を日銀に積んでおく必要があります。この当時、金融機関にも金融資産の蓄積はなく、銀行は、準備需要を賄うために全面的に日銀からの借り入れに頼らざるを得ませんでした。そうした時代においては、日銀が供給する準備の増加を原因とし、その結果を通貨量とする主張には相当程度の妥当性があったと言えましょう。

しかし、今や民間企業は大きな資金余剰部門であり、資本市場も極度に発達しています。金融機関貸出がなければ企業の資金調達ができないような時代ではありません。しかも短期金融市場には準備があり余っています。マネタリスト・アプローチをとる論者が、こうした金融環境の大きな違いを無視して、過去の事例を自己の主張の支援材料とすることには大きな問題があるように思われます。

やや次元が異なりますが、マネタリスト・アプローチ論者の中には、かつての高橋是清蔵相時代の出来事を今日にあてはめて、国債の日銀引き受けを中心とする大幅金融緩和や円安化政策を正当化しようとする人々がいます。高橋財政は確かに大不況に呻吟《しんぎん》する日本経済を救いましたが、その当時行われた政策は、金本位制度からの離脱による円相場の大幅切り下げ（ほぼ二分の一に切り下げ）と、大規模な財政支出の拡大でした。国債の日銀引き受けが行われたことは事実ですが、高橋蔵相は、景気回復とともに日銀に積み上がった国債の市中（対銀行）売却を進めていました。財政支出の膨張は、言うまでもなく対外進出を踏まえた軍備増強のためであり、これはやがて止めることができない波となって最後には日本を破滅に陥れます。こうした、現在とはまったく異なる状況の下で行われた当時の政策を今日の政策運営にあてはめ、自己の主張を正当化しようとすることには、やはり問題があるように思われます。

コラム●ワルラス法則

マネタリスト・アプローチをとる一部の論者は、しばしば**ワルラス法則**というものを引用して自己の主張の正しさを証明しようとします。厳密なことを言えばきりがないのですが、ごく大雑把に言えば、ワルラス法則は次のように要約することができます。

「経済資源（ヒト・モノ）がすべて利用されている完全雇用の下で需要と供給が一致している経

済体系を考える。この経済体系は貨幣経済と実物経済とで成り立っている。もし、実物経済において、財・サービスに対する供給が需要を上回っている(すなわちデフレギャップが存在する)ならば、そのことは(経済全体として均衡している以上)、貨幣の供給が貨幣に対する需要を下回っていることを意味する」。

　ワルラス法則は、全体としての経済体系を、実物経済と貨幣経済の二つにわけて考えるという二元論的なアプローチですが、それを前提とする限り、［実物需要を上回る実物供給＝貨幣需要を下回る貨幣供給］ないしは［実物需要を下回る実物供給＝貨幣需要を上回る貨幣供給］は、どのようなことがあっても常に成立する「恒等式」であって、そのこと自体とくに問題にすることはありません。しかし、マネタリスト・アプローチをとる一部の論者は、これを、「デフレギャップが存在しているのは、貨幣の供給が不足しているため」であって、「デフレギャップを解消するためには、マネタリーベースを増やして、貨幣供給を増加させなければならない」と主張します。しかしこれは、「恒等式」であるワルラス法則を、原因と結果を示す「関係式」として扱い、それによって自己の立場を補強しようとする議論です。別の言葉で言えば、「事前的(ex ante)ないしは意図した需給関係」と、「事後的(ex post)ないしは現実の需給関係」とをわざと混同しているように見受けられます。このほかに、完全雇用下で成立する関係を現実にあてはめていいのかという問題提起もありますが、いま述べたことに比べれば二次的な問題というべきでしょう。

準備預金に金利を付けることをめぐる議論

マネタリスト・アプローチに潜在する理論的な問題点は以上のようなものですが、このために、研究者の中でも、マネタリスト・アプローチに対しては懐疑的な見方が大半です。これまでのゼロ金利ないしは量的緩和の跡をたどった研究においても、中央銀行による準備の大幅積み上げは世間一般に安心感を与え、金融システムの安定化に相応の寄与をした点では評価されるが、それが実体経済に好影響を与えたという確たる証拠はなく、理論的にもサポートするのがむずかしいというのが大方のコンセンサスになっています。

これに対してマネタリストは、準備の増加と通貨量の増加との間には時間的にギャップがあり、準備の増加はいずれ銀行貸出の、したがって通貨量の増加に結びつくはずだ、準備の積み上げ方が不足しているから金融機関は貸出を(したがって通貨量を)増やそうとしないのであって、中央銀行はもっと思い切って大量かつ多様な(短期物だけでなく長期物も含めて)国債を買い入れて、準備を積み増すことが必要だ、また、準備に金利が付いていることが金融機関の信用供与の妨げになっているので、その引き下げをも行うべきだ、と反論しています。

準備総額から法定準備量を引いた超過準備に金利が付いていることについては、短期金融市場金利がそれ以上下がるのを妨げているという議論はあり得るとは思います。しかし、もともと短期金利はほとんどゼロであって、準備預金の金利を引き下げることによってさらに金利が下がる余地はきわめて少ないと言わざるを得ません。また、準備預金の金利を引き下げ、ないしはゼロにすれば、余った準備が「追い出され」て金融機関の貸出が、したがって顧客預金が増えるという主張は、準備というものの性格から見て奇妙な論理であるようにも思われます(コラム参照)。

個別金融機関としてはむしろ、余った準備を安全でプラスの金利が付いている国債への投資に向ける可能性が高いと思われるのですが、それが狙いであるというのであればそれはそれで筋が通っていると言えないこともありません。しかし、そもそも大胆な金融緩和の一環として大幅な準備の積み上げを主張している人々が、準備の減少になりかねない準備預金の金利引き下げを主張していることは矛盾であるとも言えます。

準備に金利を付けることをやめると、金融機関同士の相互の資金の融通の場である短期金融市場の金利はゼロになりますが、そのことは、市場の機能が消滅することを意味します。マクロでは準備が積み上がった状態でも、ミクロの次元では日々の資金繰りに頭を痛めている金融機関は多く、そうした金融機関にとっては、短期金融市場の消滅は大きな問題となり、場合によってはそうした金融機関の破綻が金融システム全体の動揺につながる可能性も否定できません。

コラム●準備の性格

銀行の準備は、預金者保護のための支払い準備という当初の姿から変化して、金融政策を運営するための錨《いかり》（アンカー）という役割を担ってきました。しかし、金利ゼロの時代で、銀行が法定準備をはるかに上回る規模の余剰準備を抱えている現在では、その性格もまた変化しています。まず、銀行が顧客に信用供与（貸出・証券買入）を行った結果、預金が生まれますが、それに対して法定準備を積むと言っても、すでに積み上がっている準備の一部がそれに振り替わるに過ぎません（ここで「銀行」とは複数の金融機関の集合体であって、顧客がいくつかの異なった銀行と取り引きしていても同じことです）。とすると、付利廃止ないしはマイナス金利によって準備を「追い出す」、すなわち、準備の絶対額が減少するのはどういうときか、ということですが、その一つは銀行が国債を買い入れる場合であり、このとき、銀行の準備は政府が日本銀行に保有する預金に振り替わります。いま一つは、銀行が準備を外貨に振り替える場合ですが、その相手が準備預金対象以外の金融機関である必要があります。つまり、準備預金の金利を引き下げる、ないしはマイナス金利を付けるということは、国債ないしは外貨に対する需要を増やす、すなわち、長期金利の低下および円安要因になることを意味するのであって、それによって銀行の対顧客信用供与が必ず増えるというわけではありません。

準備にマイナス金利を付けることは、実際にデンマーク、ニュージーランドなどで行われたことがありますが、それは、外国の銀行が為替差益獲得を狙って中央銀行においてある預金を積み増そうとし、その結果、自国通貨高となるのを防ごうとして採られた、一種の為替政策ともいうべきものであって、デフレ対応のためではありません。事実、白川体制の一時期には、日銀の準備の相当部分が、円高差益を狙った外国の銀行によって保有されているという状況がありました。このほかに、スウェーデンの例があげられることがありますが、これは、政策金利の引き下げに際して生じた一時的な調整でした。

量的緩和と信用緩和

多くの中央銀行が、みずからの政策を「量的緩和」と定義することに躊躇する理由はおおむねこれまで述べたようなことですが、それでは現実に起こっているバランスシートの拡大をどのように説明するかという問題があります。バーナンキ議長は、FRBによる各種債券の購入が、その債券の市場流動性を高め、結果としてその債券の金利を、ひいては長期金利全般を押し下げる効果をもたらしているという点を強調します(ポートフォリオ・リバランス効果)。この点は、とりわけFNMAやFHLMCといった政府系住宅金融機関(エージェンシー)が発行した債券、ないしは保証した住宅証券をFRBが買い入れ対象としていることについて当てはまります。住宅資金を借り入れる金利の低下は沈滞していた住宅建設活発化を支援します。ただ、これが行き過ぎると、市場にモラル・ハザードが組み込まれることになるので、その点は注意を要します。何かあればグリーンスパンが手を打ってくれる、ということで有名になった“Greenspan put”という言葉がありますが、それが市場のリスク感覚を鈍らせ、その後のサブプライム危機の種を蒔いたという批判は、後講釈《あとこうしゃく》とは言え、根強いものがあります。

バランスシート拡大政策の最大の問題は、中央銀行が大規模な国債の買い入れを行っていることが、財政規律・財政節度にどのような影響を及ぼしているかということです。米国では、FRBが大量の国債を買い入れてバランスシートを膨らませていることに対して、他ならぬ議会筋に少なからぬ批判と抵抗があります。一つには、それが将来のインフレを招くのではないかという懸念ですが、FRBという組織が巨大な支配権を持つことを嫌うという米国独特の分権主義的感覚も働いています。

このためFRBは、一時、長期国債を買い入れるとともに同額の短期国債を売却するという、通称**ツイスト・オペレーション**を行ったことがあります。これによれば、FRBが保有する国債の満期構成は変わりますが、バランスシートの規模は拡大しません。このオペレーションの結果、先に述べたイールド・カーブは短期が上昇、長期が低下という姿になるはずですが、短期はゼロ金利政策で抑えつけているため、ゼロ近辺から始まる右上がり曲線の傾きが緩和するという姿となります。この措置は、いったん金額を増やし、期限も延長されましたが、結局、二〇一二年末で打ち切られました。当初予想されていたような効果があがらなかったためかもしれませんが、あまりに小手先な技という批判は当初からありました。

それでは、こうしたマネタリスト・アプローチに対する批判は、現在の日本銀行の金融政策にも当てはまるものなのでしょうか。確かに、ベースマネーに目標値を設け、大量の国債を買い入れる政策は、一見マネタリスト・アプローチそのもののように見えます。しかしながら、かつての古典的・牧歌的なマネタリスト・アプローチは、その後、「期待」理論の影響を受けて大きく変質しています。黒田体制下の金融政策は、中央銀行が思い切った大胆な金融緩和を行う姿勢にあることを強く打ち出すことによって醸成《じょうせい》される「期待」が、株価や為替相場、あるいは不動産価格に及ぼす影響に重点が置かれており、決して、「マネタリーベースの拡大→マネーストックの増加→物価の上昇・景気の回復」といった、古典的なマネタリスト・アプローチに従っているわけではありません。したがって、マネタリスト・アプローチに内在する理論的な問題点を指摘することによって、現在日銀が行っている金融政策を批判したとしても、それは的外れの議論であるように思われます。

新体制下の金融政策は、いわばバブル待望論ではないかという意見はかなり広く聞かれるところとなっており、事実、その後の株式・国債・外為市場の動きを見ると、事態はそうした方向に動いてきたようにも見受けられます。黒田アプローチが成功するかどうかのカギは、期待への働きかけの効果が、目に見える形で実体経済に影響を与え続けることができるかどうかにかかっています。そうした期待が持ちこたえられず、市場の信頼が揺らぎ始めたとき、そのときが最大の問題となります。

人間心理に依存する「期待」理論は本質的な脆弱《ぜいじゃく》性を持っています。黒田アプローチをたとえて言えば、体力が弱っている患者に強い注射を打つようなものであって、その瞬間は生気を取り戻しますが、それが持続するかどうかは、その後の根本的な治療、すなわち抜本的な経済・産業構造の変革を通ずる成長戦略の成否いかんにかかっています。それなくしては、その後も注射を打ち続ける、いわゆる「もっと、もっと」政策になってしまう危険をはらんでいるということができます。

3　デフレの真因とそれへの処方箋

本当にデフレだったのか

すでに見てきたように、リフレ反対派といえども、デフレが本当に深刻なものであり、放置するとデプレッションに陥る可能性があると判断される場合には、「思い切った、アグレッシブな金融緩和策」をとることを否定しているわけではありません。そこで問題となるのは、現在は本当にデフレなのか、それは、リスクや副作用をあえてしてもアグレッシブな金融緩和を行うべきだという議論が成り立つほど深刻なものなのかということです。

平成バブルの崩壊以来、日本が深刻なデフレ状態に陥ったという見方は広く受け入れられており、それが、この間に起こったさまざまなよくない出来事、たとえば、円高、成長率停滞、経済規模の縮小、賃金下落、企業倒産の増加、失業率の上昇、格差拡大、自殺の増加等々の原因であるとされます。こうした見方を前面に出しているのがリフレ派であって、この間の不十分な金融政策が原因となって引き起こされた総需要の減退がデフレの原因であると主張します。

しかしながら、こうした見方に対しては疑問の声もあがっています。確かに、世界経済に占める日本の相対的地位はかつてに比べると低下していることは事実であり、メディアの中には、それに焦点を当てて「日本経済の転落」などと書き立て、国民の鬱屈感《うっくつかん》を煽り立てるものもいます。しかしながら、米国をはじめとするその他先進国でも似たような現象が見られるのであって、それらと比較して日本がとりわけ「転落」したというのは明らかに言い過ぎです（図表5-2）。確かにGDPの絶対額では中国に追い抜かれたかもしれませんが、あれだけの人口を擁する国ですから、全体としての数字が大きくなることはむしろ当然のことといえましょう。

より大事な視点は一人当たりの経済厚生のレベルであって、日本は、その点で他の先進国に劣ることのないように、引き続き適切な施策を講じていく必要があります。

この観点から最近注目されているのは、他国と比較した場合、日本の名目賃金水準が長期にわたって低下傾向をたどっているという事実です(図表5-3)。その背景として、売上・生産の減少という局面において、日本が、米国のようにただちに解雇といった方法でなく、時間外勤

失業率(%)

	米国	英国	ユーロ圏	日本
2000年平均	4.0	5.5	8.7	4.7
2005年	5.1	4.9	9.2	4.4
2010年	9.6	7.9	10.1	5.0
2013年6月	7.6	7.8	12.1	3.9

消費者物価上昇率(%)

	米国	英国	ユーロ圏	日本
2000年平均	3.4	0.9	2.1	-0.5
2005	3.4	2.0	2.2	0.2
2010	1.6	3.3	1.6	-0.4
2013年6月	0.5	2.9	1.6	0.2

注：日本の数値は年度.

1人当たりの実質GDP

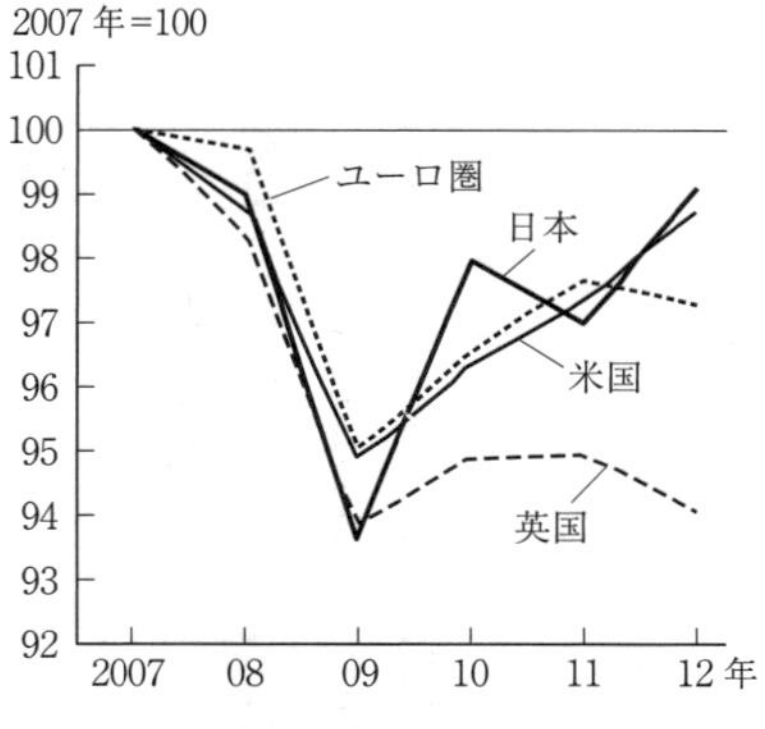

図表5-2　主要経済指標の国際比較
出典：日本銀行の資料.

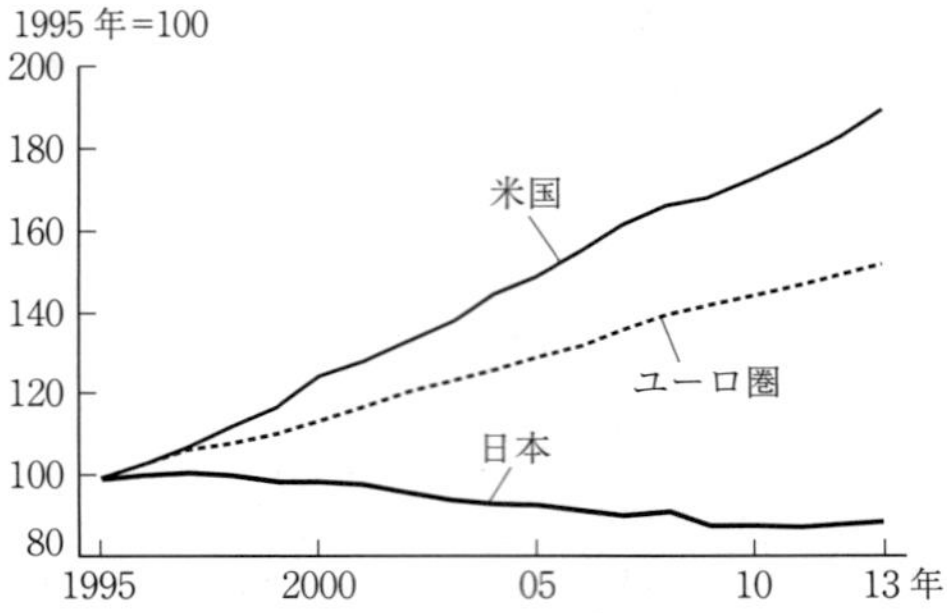

図表5-3　名目賃金水準の国際比較

出典：OECD *Economic Outlook 2012*．吉川洋『デフレーション』(日本経済新聞出版社，2013年)を参照．

務の縮小や賃金の切り下げといった形で賃金コストの縮小を図る傾向が強いことが指摘されています。雇用の維持確保という観点からは好ましいこの慣行は、しかしながら勤労者の消費、および住宅投資意欲を減退させ、全体としてデフレ傾向を強める要因として働くという側面を持っています。新規雇用に際しては、正社員ではなく、低賃金の非正規社員を雇用するというのも賃金コスト切り下げ手法の一つですが、これは、同一労働・同一賃金という世界的な潮流に乗り遅れていることの証左でもあります。欧州諸国に比べると労働組合の影響力が格段に低下していることも、他国に比べて賃金水準の低下が著しい理由の一つかもしれません。

その一方で、企業の手元では余剰資金の蓄積が進んでいる、という事実があります。基本的には経営判断の問題とはいえ、政策的に何らかの措置を講ずる、たとえば、賃金を引き上げた企業には税制上の優遇措置を講ずる政策をさらに拡充して利用しやすくする余地がないかどうか、改めて検討する必要がありそうです。

なお、賃金の低下は製品価格の低下という事態を切り抜けるための対応策であって、賃金が低下したからデフレになったのではない、という議論があります。「ニワトリ－卵」論争ですが、製品単位当たりの賃金コスト（ユニット・レーバー・コスト）の変動が物価の変動を左右する大きな要因であることは、インフレ時代もデフレ時代も変わりはありません。

デフレの尺度とされる消費者物価の動きについても議論があります。消費者物価指数は、確かにここ十数年低迷していることは事実としても、著しい低下傾向が続いているというわけではなく、見方によってはゼロ近辺で安定していると言えなくもありません。低迷している原因の一つに、耐久消費財、とりわけ家電製品価格の急激な下落があったことはよく知られていますが、家電製品の値下がり、あるいは家電業界のおかれた状況が金融緩和の不足によるものだという主張には明らかに無理があります。消費者物価というマクロな次元だけの指標を見てデフレであると一刀両断するのではなく、物価指数を構成する個別品目の価格形成過程にもう少し目を向けるべきであるという意見があること、交易条件の変化という要素によって、消費者物価指数よりも顕著な低下を示す傾向のあるGDPデフレーターの動きだけを見て、デフレの程度を判断することの問題点については第2章で指摘しました（八五ページ）。

処方箋を考える

デフレの原因をめぐる見解の対立は、しばしば需要サイドか供給サイドかという形をとります。そして、そのどちらの見解をとるかによって、デフレ対応の処方箋もまた異なってきます。

需要サイドに原因があるという見解は、デフレの原因となっている現在の需給ギャップ、すなわち、現実の成長率が潜在成長率を下回っている状態は、需要不足によって起こっているのであり、対応策としては、ともかくも需要を喚起する必要がある。そのためには、財政支出を拡大する余裕がない現状ではアグレッシブな金融緩和政策が絶対に必要である、とします。

一方、供給サイド派が注目しているのは、過去二〇年余りにわたる日本の潜在成長力の低下です。日本経済は現在、外は激化するグローバルな競争に直面し、内は人口、とりわけ労働人口の減少という歴史始まって以来の大変革に晒《さら》されて、それにうまく適応できずにいるために、各所で軋《きし》みやひび割れが生じている、そのことが潜在成長力を弱める原因になっているのではないかという見方です。先ほどの家電部門の衰退とか輸出競争力の低下とかは、その一例です。よく言われるところの、技術力を過信して極度に複雑かつ高価な製品を作り出すのに熱中し、世界市場がどのような製品を求めているかという観点からの研究を怠った、いわゆる「ガラパゴス化」です。

日本の潜在成長力が落ちているのではないかという懸念、日本の先行きに対する不安感は、現時点での消費や投資、すなわち総需要に大きな影響を与えます。これが、将来のみならず、現在における需給ギャップの拡大要因となります。将来、人口、とりわけ若年層を中心とする労働力人口が減少していく、その一方で、高齢者層のウエイトが確実に上昇するという見通しも、先を見越して行われる、現時点での投資意欲を抑制する大きな要因になります(コラム参照)。

一国の経済社会構造が、時代の変化、とりわけグローバル化とIT化という一大潮流の変化についていけず、旧態依然たる状態にあることは、生産性の向上を妨げる大きな原因です。IT化とグローバル化は、情報が地球的規模で、しかも瞬時に行き交う世界を意味しています。そうした世界では、情報がすべての市場参加者に行き渡っていないことに基づく歪《ゆが》み、すなわち、寡占・独占状態が許される余地はありません。関税や輸入制限を含む競争制限的な規制は(原理的には)否定されます。このことは、資本主義の大前提である完全競争が究極的に実現しつつある世界、というように表現することができます。こうした世界で生き延びる——競争力を高める——ためには、技術面でのイノベーションと並んで、古い体質を温存している経済社会構造の根本的な改革が不可避です。こうした観点から見ると、デフレの究極の処方箋は金融緩和などではなく、日本の経済・社会全般に及ぶ抜本的な構造改革、それを通ずる生産性の向上なのだ、ということになります。

コラム●人口動態と経済成長

「日本経済は、若い層から高年層までの人口構成がピラミッド状をなす**人口ボーナス**の時代から、その逆の**人口オーナス**の時代に入った。近年の低成長・低物価上昇率の背景にはこうした構造的な変化がある」という意見をしばしば耳にします。通常当然のように受け止められているこのテーマを、以下でもう少し詳しく考えてみます。

一国の実質経済成長率(実質GDPの伸び)は、通常、(1)労働力〔労働力人口×労働時間〕の増加率、(2)稼働可能な生産設備や装置等(資本ストック)の増加率、(3)その他のさまざまな要素を含む**総生産性**(total factor productivity: TFP)の向上という、三つの要素の和として表現されます。これを**成長会計**と呼びます。人口オーナスが(1)を引き下げる要因であることについては疑問の余地がありません。現在、とりわけ日本についてこのことが強く意識されつつありますが、あと一五年ないしは二〇年後には中国等の新興国すべてが直面する問題です。

二番目に掲げた資本ストックは、かつて高度成長時代に主要エンジンとして貢献したものですが、極限までの軽量化・極小化を追求するIT時代にはこれに多くを期待することはできません。ということで、すべては三番目の「生産性の向上」にかかってきます。

ここまでは、GDPを「生産」という視点から見てきましたが、この問題はまた、「分配」ないしは「所得」という観点からも見ることができます。GDPは、生産のほかに、需要(投資・消費等)、所得(分配)という方角からも分析されますが、同一物を対象としているのですから、この三者は事後的には当然一致します。これを**三面等価の原則**と言います。

GDPを分配面から見ると、最終的には「雇用者報酬」と「企業収益」とにわけられます(雇用者報酬をGDPで割ったものが「労働分配率」です)。雇用調整、ないしは物価下落率を上回る大幅な賃金カットは、実質雇用者報酬を引き下げ、消費や住宅投資需要を抑える要因となりますが、それが企業による投資によってカバーされない限り、実質GDPは減少せざるを得ません。企業投資を左右する究極のポイントは、先行きにおける日本経済の動向ですが、それが旧態依然たる規制構造によって支配され、古い構造的なしがらみにとらえられているようでは、むしろ海外に投資を、という発想法になるのも当然です。消費の落ち込みを和らげる一つの要素は、雇用者の所得に対する消費の割合(消費性向)が大幅に高まることですが、社会保障の先行きについて広く不安が広がっているときに、これに大きな期待を寄せることはできません。

以上は実質面に焦点を当てた議論ですが、これを名目GDPの観点から見ると次のようになります。名目GDPは、各生産段階で新たに付加される価値の合計ですが、これには雇用者に支払われる賃金も含まれます。厳しい価格競争に直面した企業が、生産性の向上を図ると称して労働コストの切り下げに邁進する、それにもかかわらず、価格の低下によって企業収益が伸びないという場合は、各生産段階での付加価値は低下しますが、そのことは、全体としての名目GDPの水準が低下することを意味します。先に、長引く日本のデフレの特殊な一因として、国際的に見ても顕著な労働賃金水準の低下を問題にしました（一三〇ページ）。このことは、国際競争を勝ち抜くためには製品の価格さえ引き下げればいい、という考え方に対する問題提起にもなっています。

ちなみに最近では、名目国内総生産（GDP——それは名目国内総所得GDIと同値です）よりも、それに海外からの所得を加えた**国民総所得（GNI）**を重視すべきだという意見が強まっています。日本経済が成熟段階に入って、海外債権残高が大幅に増加しつつある現在、そこからの収益（利子、配当等）が国民の所得に、ひいては経済厚生に貢献することは確かですから、当然の見解と言えます。ちなみに、二〇一一年度の名目GDP四七三兆円に対して、名目GNIは四八八兆円になっています。

三本目の矢の重要性

安倍内閣は、金融緩和、財政出動と並んで、三本の矢の一本として成長戦略、産業構造の改革を掲げています。ということは、日本経済が抱えている問題が長期的・構造的なものであることを明確に認識していると解釈することができます。もしそうであるならば、これまでの論争はある意味では決着がついていると言えなくもありません。つまり、リフレ派ないしは金融緩和派と反対派との対立と言っても、それは単なるきっかけの問題ではないかということです。再びたとえ話を持ち出すならば、体力が消耗した患者に対して、ともかくも意識を回復させるために、副作用をあえてしても強い注射を打つことから始めるか、それとも、副作用を懸念して、初めから漢方薬治療で行こうとするのかの違いではないかということです。注射派といえども、その後の体質改善へ向けての本格的な治療を否定しているわけではないはずです。漢方薬治療はその性質上、効果がなかなか見えてこないという問題があるために、とりあえずはショック療法で対応しようとしているのです。

このように考えてくると、安倍内閣あるいは黒田日銀体制の課題もかなりはっきりと見えてきます。要は、三本の矢とはいうものの、もっとも重要なのは最後の一本、成長戦略ないしは日本の経済・社会・産業構造の根本的な立て直し・本格的な改革なのであって、後の二本はそのために必要な時間を稼ぐために放たれるものであるという認識です。

そして、実行がもっともむずかしく、忍耐を要するのはこの三本目の矢なのです。注射によって覚醒させられた患者を待ち受けているのは、長時間にわたるリハビリです。それには必然的に痛みがともないますが、それを怠ればまた元の木阿弥となりましょう。先行する二本の矢はまた、それぞれリスク、副作用を伴いますが、このことについてはすでにたびたび触れました。そうした点に注意しつつ、最終的な目標の達成に向かってどれだけ真剣に、かつ積極的に立ち向かっていくか……。現在の政策運営を支えている一般国民の「期待」をつなぎとめておくことができるかどうかはまさにそのことにかかっています。

この第三の矢の内容は、二〇一三年なかばになってしだいに明らかになってきました。これらの施策を細部にわたって論ずる余裕はありませんが、いずれもこれまで何度も掲げられてきたテーマであり、その多くは大きな「岩盤」に突き当たって途中で挫折してきました。とりわけ農業にかかる問題がそうです。要はこれをいかにして突破していくかということであって、すべてはそのことについての政府の意思と能力にかかっています。第一、第二の矢の賞味期限は限られていることを常に念頭においておかなければなりません。

仮にこうした施策が成功し、デフレの解消に目途がついたとしても、すべての問題が片付いたわけではありません。物価の上昇が適度にとどまっているならばともかく、一定の許容限度を超えて上昇し出すと、インフレの持つ意図せざる(好ましからざる)所得の再分配が起こり、それによって格差が拡大することについても注意が怠れません。安定した社会を維持し、社会的緊張感が高まることのないようにするためには、現行の社会保障制度の抜本的な見直しが急務です。

国民が安心できる社会保障制度の整備拡充は、ひいては現在および将来の需要の増大に結びつく(負の需給ギャップの縮小)はずで、三本の矢と矛盾するものではないどころか、第四の矢と言ってもいいほどの重要性をもった課題です。安倍内閣の施政の重点は、まずはパイの拡大に向けられており、その分配はその後のことだという姿勢が窺《うかが》われるとの指摘がありますが、分配問題についてさらに多くの関心と政策的エネルギーを注ぐことが強く望まれます。

黒田体制下の日銀に望むことがあるとすれば、それは、現在進めている強力な金融緩和政策が成功するか否かのカギを握っているのは一般国民の信頼であることを深く念頭に刻むとともに、現行の金融政策がコントロール不能になるかどうかは、ひとえに財政節度の維持いかんにかかっていることを繰り返し主張し、その面でより強力なリーダーシップを発揮するよう、政府に強く「物申す」姿勢であると思われます。ただ、財政節度の維持と言っても、この段階で性急に財政支出を切り詰めることを意味しているわけではないことは言うまでもありません。

金融政策の運営を論ずる際によく出てくる定番的表現は、「海図なき航海」です。この言葉はいつの時代にも通用することではありますが、日本はもちろん、世界的に見ても前代未聞の「思い切った金融緩和」を実施する決意を下した今ほど、この表現が当てはまる時期はありません。

それはちょうど、コロンブスが、バスコ・ダ・ガマが、そしてマゼランが大海に乗り出していった時代を想起させます。当時、海の先は急な崖になっていて、そこから先へ行こうとする船は無限の奈落へ転落すると信じられていました。幸いそれは事実ではなかったのですが、当時の彼らにとっては、まさに一か八かの賭けであったろうと想像されます。長期にわたる航海中の艱難辛苦《かんなんしんく》は、その後の語り草になりました。

現在が当時と違うのは、航海の決定を下すのが王や女王などではなく、政府であるということ、そしてその政府は、国民が選んだ議会によって選ばれたということです。金融政策というと、中央銀行のだれか偉い人が決めているというような感じを持たれているかもしれませんが、実は(間接的ながら)国民自身が決定し、その結果はみずからが引き受けるという覚悟で臨んでいる。そうした感覚を常に持ち続けることの重要性を、最後に改めて強調しておきたいと思います。

おわりに

これまでの各章で、金融政策についていろいろなことを述べてきました。冒頭でも記したように、昨今の書店には、派手な表紙と人目を引くようなタイトルをつけた本がたくさん並んでいます。これを「百花繚乱」というか「百鬼夜行」というか、人によって受け止め方は異なりますが、困ったことに、それらのなかには、多分に誤解や思い込みによると思われるものが少なくありません。その際に重要なことは、何が真実で何がそうでないかを嗅ぎわけることです。もちろん、この世の中に絶対的な真実などというものがあるとは思われませんから、相対的な次元の話ではありますが、少なくとも解説者の誤解や思い込みに基づくバイアス、あるいは意図的な世論操作によって影響を受けることだけは避けたいものです。

そのためにはどうすればよいか。以下では、こうした問題を考えるうえで筆者が常に念頭に置いているいくつかの一般的な原則をあげておきます。いずれも「何をいまさら」と言われそうなことばかりですが、筆者のこれまでの失敗を踏まえた自戒の言葉と受け取ってください。

(1) これまで持っている知識・先入観を捨てて、白紙の状態で臨む。すなわち、自分では意識していない「刷り込み」によるバイアスに注意する。とりわけ、自分にとって好ましい、あるいは気に入った情報しか受け入れないという態度をとることのないように気をつける。このことは、メディア(書物、新聞、雑誌、テレビ番組等々)の選択において、とくに留意すべきことである。

(2) 積み木の家を作るように、基礎の基礎から入念に築き上げていく。その際には手に入る限りのすべての情報・データを丹念に調べて、それが意味するところを正確に把握するよう努力する。こうした基礎作業なしに性急に結論を求めるような態度を慎む。

(3) 細部に留意しつつ、しかも全体像(鳥瞰図)を見失わない。すなわち、木を見て森を見ない、あるいは森だけ見て木(枝葉を含む)を見ないことのないよう心掛ける。

(4) 因果関係の方向、すなわち、どちらが「因」でどちらが「果」であるかを見極める。その際に注意すべきことは、因果関係がしばしば双方性を持つこと(因でもあり果でもある)、そして、因果関係と思っていたら実は恒等式(同じことを別の言葉で表現したもの)であったというケースが多いことである。

(5) 議論する前に言葉の定義を明確にしておく。各人各様の定義からスタートすれば話は当然混乱する。

（6）以下のような次元、ないしは視点の違いを常に意識しておく

a　事前(ex ante)に想定されている話なのか、事後(ex post)に実現したことなのか。

b　長期的(long-term)に見た場合のことか、短期的(short-term)な問題か。

c　マクロ(macro)の次元の問題か、それともミクロ(micro)の問題か。言い換えれば、全体(whole)としての話なのか、それとも全体を構成する各部分(parts)に焦点をあてているのか。これには、ミクロの次元では正しいことも、全体としては必ずしも正しいとは限らないという、いわゆる「合成の誤謬《ごびゅう》」という問題も含まれる。

d　一定期間内に起こることを取り上げる、フロー(flow)の次元の問題なのか、それともそうした流れが集積されてできた、ある一時点でのストック(stock)のことを議論しているのかを明確に意識する。

e　実物の世界(real)のことを論じているのか、それとも名目の世界(nominal)の話なのか。生産や投資・消費といった行動は実物の世界の出来事であるが、通貨や金融は名目の世界に属する。人間の経済活動にはこの両者がわかちがたく混在しており、通常はとりたててそのことを意識することはないが、問題を正確に把握するためにはそれを明確に区別する必要がある。

言うまでもないことですが、この本のような基礎的な手引書ですべてがわかるわけではありません。この本の目的は、あくまでも問題を考えるための糸口を見つけることにあります。この本をお読みになって、もう少し深く掘り下げてみたいと思われる方々のために、この本の巻末に主要参考文献としていくつかの著作を掲げておきますので、参考になさってください。

この本を出版するに当たっては、いろいろな方からのご支援をいただきました。編集を担当してくださった岩波書店の坂本純子氏は、とかく「業界用語」に頼ろうとする筆者をたしなめる役割を果たしてくださいました。この本について、適切なコメントを寄せてくださったのは、これまでも筆者が大変お世話になった、岩波書店の髙橋弘氏です。ここに改めて謝意を表します。

筆者は現在、衆議院調査局財務金融調査室の客員調査員として、財政金融に関連するさまざまな事項について、調査室のスタッフとともに突っ込んだ検討を行うセッションを積み重ねています。この本の執筆にあたっては、そこからいろいろな示唆を得ることができました。こうした機会を与えていただいたことに感謝したいと思います。

二〇一三年九月

湯本雅士

主要参考文献

参考文献を挙げだすとキリがないのですが、筆者の目に留まったもので、この本をさらに深く理解するうえで有用だと考えたものだけをいくつか選び、若干のコメント付きで挙げておきます。ただし、一般向けのものに限定し、学術論文の類は除きます。原則としてここ一両年内に刊行されたものに限っていますが、若干の例外もあります(二〇一三年九月末時点)。

この本に関連した筆者の著作は次の二冊です。これらは、サブプライム危機後、世界の中央銀行、とりわけFRBと日本銀行は、どのような考え方に基づいて、どのように対応してきたかを追ったものであって、この本はいわばその続編・姉妹編といった位置づけです。もし、さらに詳しいことを勉強してみたいという方がおられたら、この二冊の本の最後にあげた参考文献をご覧ください。

『サブプライム危機後の金融財政政策』岩波書店、二〇一〇年

『デフレ下の金融・財政・為替政策』岩波書店、二〇一一年

金融・経済全般にわたる知識を基礎からしっかりと学ぶためには、少しむずかしいのですが、バランスのよくとれた次の著作から始められるといいかと思います(とりわけ第1章から第4章まで)。

池尾和人『現代の金融入門(新版)』ちくま新書、二〇一〇年

金融政策に関係する包括的なスタンダード・テキストとして誰もが挙げるのが次の本です。

白川方明『現代の金融政策』日本経済新聞出版社、二〇〇八年

ただ、サブプライム危機発生以前に刊行されたために、その後、最近に至るまでの展開が取り上げられていません。これをカバーする最近の著作としては、次の三冊がいいと思います。翁著は理論にすぐれ、梅田著は統計の巧みな扱い方に特色があります。

翁邦雄『ポスト・マネタリズムの金融政策』日本経済新聞出版社、二〇一一年

同　『金融政策のフロンティア』日本評論社、二〇一三年

梅田雅信『超金融緩和のジレンマ』東洋経済新報社、二〇一三年

日本銀行に焦点を当てつつ、日本の金融政策の歴史をたどり、最近の話題までも広くカバーしたものとしては、次のものがあります。

翁邦雄『日本銀行』ちくま新書、二〇一三年

日本銀行自身も一般向けの解説書を出しています。

日本銀行金融研究所編『日本銀行の機能と業務』有斐閣、二〇一一年

また、一般向けではありませんが、日本銀行に関連する事柄で、資料的価値という意味で貴重なものに、日本銀行自身が刊行した「百年史」があります。

日本銀行百年史編纂委員会編『日本銀行百年史』(全七巻)一九八二〜八六年

通貨・金融の発生と変容に関しては、これまでさまざまな著作が出ていますが、豊富なエピソードを交えて楽しく読めるものに、次のようなものがあります。

岩村充『貨幣進化論』新潮選書、二〇一〇年
板谷敏彦『金融の世界史』新潮選書、二〇一三年

財政についての知識をもう少し深めるためには、若干古くなりましたが、筆者の次の本を参照してください。

『日本の財政　何が問題か』岩波書店、二〇〇八年

もう少し最近のものを、というのであれば、田中秀明『日本の財政』(中公新書、二〇一三年)の内容が充実しています。

為替相場の問題は、一般に誤解の多い分野ですが、理論と実務の間のバランスが比較的よくとれている次の著作がお勧めです。ただし、円をめぐる状況は大分変わってきています。

佐々木融『弱い日本の強い円』日経プレミアシリーズ、二〇一一年

第3章で取り上げた、金融政策および日本経済をめぐる論争をもう少し詳しく知りたいという方は、次の三冊を参照してください。幸いにも、当時の議論はおおむねここに集約されています。

岩田規久男編著『金融政策の論点』東洋経済新報社、二〇〇〇年
小宮隆太郎・日本経済研究センター編『金融政策論議の争点』日本経済新聞社、二〇〇二年
浜田宏一・堀内昭義編『論争――日本の経済危機』日本経済新聞社、二〇〇四年

同じく第3章のインフレターゲット問題については、これを支持する立場から書かれた次の著作が、網羅的に論点をカバーしています。

伊藤隆敏『インフレ目標政策』日本経済新聞出版社、二〇一三年

第4章から第5章に関係する本で、最近話題を呼んだのは次の二冊です。明確な分析もなく、何といういうことなしに広まっている「デフレ気分」について、新しい視点から一石を投じたものとして価値があります。

藻谷浩介『デフレの正体』角川oneテーマ21、二〇一〇年

吉川洋『デフレーション』日本経済新聞出版社、二〇一三年

「アベノミクス」をめぐっては、賛成反対入り乱れてまさに百家争鳴の状態で、ここでそれらを一々追うことは控えますが、ポイントを押さえた(どちらかというと批判的な)解説がなされている著作として、次がお勧めです。

池尾和人『連続講義・デフレと経済政策』日経BP社、二〇一三年

第5章では、日本の政治・経済・社会構造の抜本的な改革の必要性について述べていますが、紙数の関係でその詳細を論ずるには至りませんでした。これを埋める好著として次の一冊を挙げておきます。著者は高名なジャーナリストで、練達の筆を駆使してこのテーマに取り組んでいます。大部の書物ですが、日常生活に密着した、具体例に即した記述であるため非常に読みやすく、随所にキラリと光る叙述があります。

小島明『「日本経済」はどこへ行くのか』平凡社、二〇一三年

岩波新書新赤版一〇〇〇点に際して

ひとつの時代が終わったと言われて久しい。だが、その先にいかなる時代を展望するのか、私たちはその輪郭すら描きえていない。二〇世紀から持ち越した課題の多くは、未だ解決の緒を見つけることのできないままであり、二一世紀が新たに招きよせた問題も少なくない。グローバル資本主義の浸透、憎悪の連鎖、暴力の応酬——世界は混沌として深い不安の只中にある。

現代社会においては変化が常態となり、速さと新しさに絶対的な価値が与えられた。消費社会の深化と情報技術の革命は、種々の境界を無くし、人々の生活やコミュニケーションの様式を根底から変容させてきた。ライフスタイルは多様化し、一面では個人の生き方をそれぞれが選びとる時代が始まっている。同時に、新たな格差が生まれ、様々な次元での亀裂や分断が深まっている。社会や歴史に対する意識が揺らぎ、普遍的な理念に対する根本的な懐疑や、現実を変えることへの無力感がひそかに根を張りつつある。そして生きることに誰もが困難を覚える時代が到来している。

しかし、日常生活のそれぞれの場で、自由と民主主義を獲得し実践することを通じて、私たち自身がそうした閉塞を乗り超え、希望の時代の幕開けを告げてゆくことは不可能ではあるまい。そのために、いま求められていること——それは、個と個の間で開かれた対話を積み重ねながら、人間らしく生きることの条件について一人ひとりが粘り強く思考することではないか。その営みの糧となるものが、教養に外ならないと私たちは考える。歴史とは何か、よく生きるとはいかなることか、世界そして人間はどこへ向かうべきなのか——こうした根源的な問いとの格闘が、文化と知の厚みを作り出し、個人と社会を支える基盤としての教養となった。まさにそのような教養への道案内こそ、岩波新書が創刊以来、追求してきたことである。

岩波新書は、日中戦争下の一九三八年一一月に赤版として創刊された。創刊の辞は、道義の精神に則らない日本の行動を憂慮し、批判的精神と良心的行動の欠如を戒めつつ、現代人の現代的教養を刊行の目的とする、と謳っている。以後、青版、黄版、新赤版と装いを改めながら、合計二五〇〇点余りを世に問うてきた。そして、いままた新赤版が一〇〇〇点を迎えたのを機に、人間の理性と良心への信頼を再確認し、それに裏打ちされた文化を培っていく決意を込めて、新しい装丁のもとに再出発したいと思う。一冊一冊から吹き出す新風が一人でも多くの読者の許に届くこと、そして希望ある時代への想像力を豊かにかき立てることを切に願う。

（二〇〇六年四月）

湯本雅士

1937年生まれ．60年東京大学法学部卒業，同年日本銀行に入行．65年ペンシルバニア大学ウォートンスクールでMBA取得．IMF出向後，日本銀行の国際金融・政策関連部局等を経て，91年より東京証券取引所に勤務．99年杏林大学社会科学部（現 総合政策学部）・同大学院国際協力研究科教授，2003年同客員教授，2010年より2012年3月まで，同大学講師として引き続き金融財政論を講義．現在，衆議院調査局財務金融調査室客員調査員としてスタッフの指導にあたっている．
主な著書に，『基礎から学ぶ金融・財政』『基礎から学ぶ日本経済（第2版）』（以上，東洋経済新報社），『日本の財政　何が問題か』『サブプライム危機後の金融財政政策』『デフレ下の金融・財政・為替政策』（以上，岩波書店）がある．

金融政策入門　　岩波新書（新赤版）1448

2013年10月18日　第1刷発行

著　者　湯本雅士《ゆもとまさし》

発行者　岡本　厚

発行所　株式会社 岩波書店
〒101-8002 東京都千代田区一ツ橋2-5-5
案内 03-5210-4000　販売部 03-5210-4111
http://www.iwanami.co.jp/

新書編集部 03-5210-4054
http://www.iwanamishinsho.com/

印刷・三陽社　カバー・半七印刷　製本・中永製本

ISBN 978-4-00-431448-6　　Printed in Japan

索　引

欧　文

ア　行

カ　行

サ　行

タ　行

ナ　行

ハ　行

マ　行

ヤ　行

ラ　行

ワ　行

主要中央銀行の金融政策措置一覧(2013年9月末現在)

	日本銀行(BOJ)
目標政策金利	2008.12　目標政策金利(無担保コールO/N金利)を「0.1%前後」に引き下げ 2010.10～　目標政策金利を「0.1%前後」から「0～0.1%程度」に変更(下欄参照) 2013.4～　目標を「政策金利」から「マネタリーベース」に変更(下欄参照)
企業金融支援	2008.12～2010.3　企業金融支援特別オペ(期間3カ月，金額無制限) 2010.4～　成長基盤強化支援資金供給(総枠漸次引き上げ，現在5.5兆円) 2012.10～　貸出増加支援資金供給(金額無制限)
金融資産等買い入れ	2009.1～2009.12　CP買い入れ(上限3兆円) 2009.2～2009.12　社債買い入れ(上限1兆円) 2009.2～2010.4　金融機関保有株式買い入れ(上限1兆円) 2008.12～2013.4　長期国債の定例買い入れ(輪番オペ)枠引き上げ(月1.2兆円を1.4兆円へ．最終的には1.8兆円へ) 2010.10～2013.4　包括的金融緩和措置に基づく「金融資産買入等基金」を創設(総枠は当初の35兆円程度から最終的に101兆円程度に拡大．うち，長期国債枠は当初1.5兆円程度から44兆円程度へ．この分は銀行券ルールの適用除外) 2013.1～2013.4　期限を定めぬ金融資産購入(毎月長期債2兆円を含む総額13兆円．対象長期債の期間は3年以下) 2013.4～　「量的・質的金融緩和政策」の採用 「金融資産買入等基金」を廃止 マネタリーベースが年間約60兆～70兆円のペースで増加するよう，全期間の長期国債等の買い入れを行う(銀行券ルールは一時停止．買い入れ対象は，その他にCP・社債・ETF・J-REIT) マネタリーベース目標(カッコ内長期国債保有残高)は， 12年末138(89)，13年末200(140)，14年末270兆円(190)
フォワード・ガイダンス	2010.10～　目標政策金利の表現を変更(0.1%程度を0～0.1%程度へ．この間，強力な資金供給を行い，超金融緩和状態を維持する姿勢を繰り返し表明)． 2012.2　物価上昇率についての「目途」の設定 (2%以下のプラスの領域．当面は1%．内容は同じだが，それまでは各政策委員の持つ物価安定の「理解」という位置づけ) 2012.10　政府・日銀共同声明(デフレ脱却の決意表明) 2013.1　政府・日銀共同声明(物価上昇率「目標」の設定(2%)) 2013.4～　現行の量的・質的緩和政策は，2%の目標水準を安定的に持続するために必要な時点まで継続する旨を宣言
準備預金金利	2008.10～　超過準備に対して付利(現在0.1%)

	連邦準備制度(FRB)
目標政策金利	2008.12～　目標政策金利(FF レート)を 0～0.25% へ引き下げ
企業金融支援	
金融資産等買い入れ	2008.10～2010.2　CP 買い入れ(CPFF) 2008.11～2010.3　エージェンシー債買い入れ(上限 1750 億ドル), MBS 債買い入れ(上限 1.25 兆ドル) 2009.3～2009.10　長期国債買い入れ(上限 3000 億ドル) 2010.8～　国債満期分ロールオーバー（国債残高維持） エージェンシー /MBS 債満期分を国債で乗り換え(2011.10 にエージェンシー／MBS に乗り換えることに変更) 2010.11～2011.6　長期国債 6000 億ドルを買い入れ(LSAP2 ないしは QE2) 2011.10～　ツイスト・オペ実施(長期国債 4000 億ドルを買い入れ・同額の短期国債を売却) 2012.6　同上金額拡大, 期間延長. 2012.12　停止. 2012.9～　MBS 買い入れ（月 400 億ドル, 期間限定なし） 2012.12～　長期国債買い入れ（月 450 億ドル, 期間限定なし） (上記 2 項目: (LSAP3 ないしは QE3))
フォワード・ガイダンス	超金融緩和政策実施期間についてのコミットメント文言修正(“for some time”, “for an extended period”, “through mid-2013”など) 2012.1　物価上昇率について“ゴール”(2%)を設定(それまではFOMC メンバーの長期見通しとして発表) 2012.12　閾値の採用(少なくとも失業率が 6.5% 以上であり, インフレ率が 2.5% 以上にならない限り現行の金融緩和を持続) 2013.7　議長記者会見で, 長期債買い入れテンポを年後半から鈍化させ, 2014 年なかばまでには買い入れ終了を示唆. ただし, 状況しだいであること, 金融緩和は債券買い入れが終了しても継続することを強調. あわせて, 閾値到達すなわち金利引き上げではないことに注意を喚起
準備預金金利	2008.10～　超過分を含め, 準備全体に対して付利(現在 0.25%)

出典：各国の中央銀行の公表資料に基づいて筆者作成.

欧州中央銀行(ECB)	イングランド銀行(BOE)
2013.5～　MRO(通常オペ)金利を0.5%へ引き下げ	2009.3～　Bank Rateを0.5%へ引き下げ
	2012.7～2015.1　Funding for Lending Scheme: FLS)実施 (金融機関貸出を低利リファイナンスで支援)
2009.7～2010.6　カバード・ボンド買い入れ(総額600億ユーロ) 2011.11～2012.10　カバード・ボンド買い入れ再開(総額400億ユーロ) ユーロ圏国債等買い入れプログラム SMP(2010.5～2012.9)．南欧諸国の国債等買い入れ OMT(2012.9)．財政再建策の策定等が条件(金額無制限)．目下実施細目検討中 (参考)ECBは，金融機関経営の安定化を図る趣旨で，これまで2回にわたり超長期の資金を供給(LTRO) 2011.12～　1134日間，4892億ユーロ 3012.3～　1092日間，5295億ユーロ	2009.1～2011.11　CP買い入れファシリティ(総額500億ポンド) 2009.3～　APF(「資産買入基金」)設立(買い入れ対象は国債・社債・CP・ABCP．ただ，実際はほとんど国債)．買い入れ上限は当初2000億ポンドから漸次拡大．現在3750億ポンド
2013.7　総裁記者会見で，超金融緩和継続の時期につき，“for an exteded period”という言葉を初めて使用．また，政策金利0.5%は下限ではないこと，ECBにとって，「出口」ははるかに遠いことを強調 (参考)ECBは物価安定の定義を示し(2%)，その達成を使命とするが，みずからをインフレターゲット採用中央銀行とは位置づけていない	2013.8　少なくとも失業率が7%に低下するまでは，現行の政策金利水準を維持する旨を決定(閾値の採用) (参考)インフレターゲットを採用．目標物価上昇率は毎年政府が決定(2013年は2%)．実際の上昇率が目標から乖離した場合は，財務大臣に対し，その背景・対応策等を記した公開書簡を提出
2012.7～　準備への付利金利を0.25%からゼロに引き下げ	2009.3～　準備への付利金利は現在0.5%